和谐

丛书编委会

顾　　问：陶西平　卓　立
主　　编：王　欢　洪　伟
副 主 编：陈凤伟　范汝梅　金　强　南春山
编　　委：张　婉　王秀鲜　乔　红　吕闽松　韩巧玲
　　　　　刘　颖　张欣欣　汪　忱　郭志滨　陈　纲　王继红

▲和谐教育丛书▲

智慧探究

The Education Research in Shijia Primary School

史家小学的教育科研

陈凤伟　吕闽松　陈纲 ◎ 著

中国发展出版社
CHINA DEVELOPMENT PRESS

图书在版编目（CIP）数据

智慧探究：史家小学的教育科研 / 陈凤伟，吕闽松，陈纲著．
北京：中国发展出版社，2012.9

（和谐教育丛书）

ISBN 978-7-80234-826-4

Ⅰ．智… Ⅱ．①陈… ②吕… ③陈… Ⅲ．小学－教学研究 Ⅳ．G622.0

中国版本图书馆 CIP 数据核字（2012）第 201899 号

书　　　　名：	智慧探究：史家小学的教育科研
著作责任者：	陈凤伟　吕闽松　陈　纲
出 版 发 行：	中国发展出版社
	（北京市西城区百万庄大街 16 号 8 层　100037）
标 准 书 号：	ISBN 978－7－80234－826－4
经　销　者：	各地新华书店
印　刷　者：	北京科信印刷有限公司
开　　　本：	700×1000mm　1/16
印　　　张：	17.25
字　　　数：	221 千字
版　　　次：	2012 年 9 月第 1 版
印　　　次：	2012 年 9 月第 1 次印刷
定　　　价：	30.00 元
咨 询 电 话：	（010）68990535　68990692
购 书 热 线：	（010）68990682　68990686
电 子 邮 件：	forkids@sina.cn
网　　　址：	http：//www.develpress.com.cn

版权所有·翻印必究

本社图书若有缺页、倒页，请向发行部调换

Foreword

序言 ❶

让和谐教育成为和谐社会的有力支柱

史家小学提出"和谐教育"的理念并进行了教育实践的探索,已经历20个年头了。当我们回顾这20年走过的路程,我们看到在卓立和王欢两位校长的带领下,和谐教育展现出了蓬勃的生命力。

有专家曾生动地解读"和谐"这两个汉字:"和"是"禾"加"口",就是人人有饭吃——民生;"谐"是"言"加"皆",就是人人都有发言权——民主。所以,建立和谐社会就是既重视民生,又发扬民主。

建立和谐社会,是为了实现多年来仁人志士所追求的理想,也是顺应发生巨大变化的时代潮流。当今世界,人与自然的矛盾产生了生态危机,人与社会的矛盾产生了人文危机,人与人之间的矛盾产生了道德危机,人与自身的矛盾产生了心理危机,国家与国家的矛盾产生了安全危机,文化与文化之间的矛盾产生了价值观危机。因此,应对复杂格局,理顺社会关系,构建和谐氛围,以促进人类社会的可持续发展,就成为当前社会主义现代化建设面临的理论和实践的重大课题。

和谐教育既是和谐社会的子系统,又是建设和谐社会的基础工程。和谐教育应当体现在为每个人各尽所能、各得其所创造良好的条件,提供公平的机会;体现在为不同社会阶层和利益群体之间的流动拓宽渠道;体现在促进人类的生产方式、生存方式、生活方式的合理转变；体现在为创造全社会以和谐相处作为价值取向的文化氛围奠定坚实的基础。归根结底，体现在将以人为本的科学发展观及建立和谐社会的理念作为指导思想，使学校教育在和谐中求得发展，在发展中创造和谐。

卓立校长在20年前就提出了和谐教育的理念，体现了对当今世界形势的清醒认识，体现了对社会的高度责任感，更体现了对教育功能的准确把握。这就使得史家小学的教育理念站在了时代的前沿。科学发展观的提出为和谐教育的实践提供了科学的指导思想。全面、协调和可持续发展的科学发展观，是推动和谐社会建立的重要理论基础，也是教育改革与发展的重要理论基础。学校教育只有坚持全面、协调和可持续发展，才能促进学校的和谐发展。

史家小学的实践证明，和谐的学校教育应当是重视全体学生全面素质提高的教育，不应当只重视一部分学生发展而忽视另一部分学生的发展，不应当只重视学生考试成绩的提高而忽视学生素质水平的提高，也不应当只重视学生共性的教育而忽视学生个性的教育。和谐的学校教育应当是公平的、民主的教育，通过树立干部与教师以人为本的服务意识，营造干群之间的和谐、教师之间的和谐、师生之间的和谐以及学生之间的和谐，形成学校公平与民主的体制架构与团结合作的文化氛围。和谐的学校教育应当是开放的、社会广泛参与的教育，通过形成家长、社区和社会的广泛参与，使学校教育把为社会的发展服务与为人的发展服务紧密地结合起来，并在取得家长、社区和社会理解的同时，自觉地置身于其监督之下。

因此，史家小学的教育在历届学校领导、教师和全体教育工作者矢志不渝的探索与追求下，展现了首都教育改革的精神风貌，丰富了素质教育的深刻内涵，积累了学校和谐发展的实践经验，体现了"北京精神"的生命活力。这套书就是20年来史家小学教育成就的生动写照，我非常高兴看到这套书的出版，并向史家小学的全体同仁致以崇高的敬意。

中国教育需要千万个像卓立校长和王欢校长这样的教育家，只有学校教育自觉地肩负起为全体人民各尽其能、各得其所而又和谐相处所必须承担的历史责任，让教育更加和谐，才能使教育成为和谐社会的有力支柱。

陶西平

国家总督学顾问、中国教育学会副会长

2012 年 7 月

序言

和谐——教育的永恒追求

在史家小学和谐教育提创20年之际，得知学校集纳英才、荟萃思理，拟组织出版《和谐教育丛书》，系统总结和提升和谐教育的理论和实践，我深感喜悦。

史家小学是我国最早倡行和谐教育的学校之一。1992年，在一次北京教育研讨会上，我提出了"和谐教育"的办学理念。之后，东城区教委为我组织举办了教育思想专题研讨会。从此，和谐教育就在史家小学扎下了根。从17岁任教到65岁退休，我在近半个世纪里亲历了史家小学的每一个变化。从1991年起，我任史家小学校长兼党支部书记，开始系统梳理学校的办学经验，体会到学校的成功之处就在于和谐教育。

在我看来，和谐教育就是以科学理论为指导，以社会发展需求与人的自身发展需求相和谐为宗旨，协调并整体优化各种教育因素，创设和谐的育人氛围，使受教育者在德智体美诸方面得到全面和谐的发展，具体包括"五个和谐"。一是人与人的和谐。史家小学的办学指导思想是"一切为了孩子，一切为了明天"，办学宗旨是"三全、三爱、三服务"，即使学生德智体美全面发展、面向全体学生、对学生全方位负责；爱事业、爱学校、爱学生；为学生服务、为家长服务、为社会服务。贯彻这一办学思想，就能够在学校中实现人与人的和谐。二是人与知识的和谐。学生是学习的主人，学生的主动"参与"是课堂教学之魂，教师既教书又育人，既要研究教法，又要研究学法。人们的认知规律是"由浅入深、由近及远、由此及彼、由简单到复杂、由特殊到一般"，我们必须遵循这些认知规律，才能实现人与知识的和谐。三是人与自身的和谐。实施和谐教育，就是要使教育符合孩子们的身心发展规律，让他们在融洽的人际关系中生活，心理上没有过分的压力，情绪上没有过度的焦虑，在和谐的氛围中学习。使学生做到：性格是活泼的、开朗的、自信的；与他人的关系是和谐的、关爱的；心态是积极的、进取的，成为享受成长快乐的少年。四是人与社会的和谐。我们必须面向明天培养未来社会所需要的人。在"学知"和"做人"上，应更多地关注"做人"，在"知识"和"能力"上，则应更多地关注"能力"。五是人与自然的和谐。尊重大自然，热爱大自然，服务大自然，享受大自然，实现人与自然的和谐相处。总之，孩子们在学校的生活应该是活泼的、欢快的，史家小学应该不仅是校园，也是乐园，更是家园。

教育不是选择适合教育的学生，而是选择适合学生的教育。"学会认知、学会做事、学会合作、学会生存发展"，这是联合国教科文组织提出的教育的四大支柱。在小学，必须重视学生非智力因素的培养，培养他们具有健康的心理品质和良好的行为习惯，这是培养孩子健全人格的需要。和谐教育致力于精心雕塑孩子的心灵，努力培养学生的实际能力，用心挖掘孩子的潜力，培养全面和谐发展的人才。在和谐、温馨的环境中成长起来的孩子，行为习惯和言谈举止应该是高层次的、有教养的，对社会也是相当有责任感的。史家小学的孩子很大气，很开朗、很阳光，具有很强的学习热情和学习能力。

和谐教育之所以能够引领史家小学20年高速发展，并且成为学校鲜明的办学特色，主要在于其教育理念的先进性和教育实践的自觉性。一所学校的先进，首先表现在教育思想的先进上。一个学校实施一种办学模式，必须把它变为每个教师的指导思想，内化为教师的教育教学行为，使教师能够创造性地执行这一教育理念。我提出经过"服从""认同""内化"三个阶段，通过"灌输与渗透""感染与熏陶""规范与升华"三种方法推进和谐教育，让和谐教育的办学理念逐渐地浸润到史家小学每一个教师的心灵深处。

史家小学和谐教育的理论和实践，对素质教育的发展起到了显著的标杆作用，具有典型价值和普遍意义。因此，我将尽一切可能继续拓宽和谐教育的精彩天地，继续描绘"把学校办成让家长放心地把孩子和孩子的未来托付给我们的学校"的蓝图愿景。

和谐教育，二十年风华正茂；情系史家，半世纪岁月熔金。今年，恰值我从事教育工作 50 年。路漫漫兮，上下求索。在永恒的教育长河中，我只是撷取了美丽的浪花一朵，而我时刻愿意与所有人分享这朵动人的和谐教育之花。

祝愿和谐教育花繁春盛！祝愿史家小学越办越好！

卓 立

史家小学终身名誉校长

2012 年 8 月

前言

　　史家小学理念超前，各项工作走在时代发展的前列，教科研工作也不例外。早在1992年，卓立校长就提出"和谐教育"的办学理念；在新课程改革之前，史家小学的教师们已经开始带着学生开展研究性学习；在校本科研的浪潮到来之前，学校就提出了"科研兴校"的思想。如今，面向学校未来的发展，王欢校长提出"领导带头，全员科研"的战略，要求"学校全体干部必须成为研究者，在科研中提高领导力"。科研，无疑成为史家小学未来发展的重中之重。

　　"和谐教育"是史家小学科研发展的思想基础。史家小学的教科研起步早、成长快，这与史家小学厚重的历史、优良的传统分不开。"和谐教育"理念就是深深根植于史家小学的历史和传统中，凝聚而成的精华。在新课程改革以前，学校的教学研究非常扎实、严谨和有效，这里汇聚了一批教学经验丰富、富于探究精神的优秀教师，这为开展科研工作奠定了基础。新课程改革的实施为学校科研带来蓬勃发展的契机。经过一段时间的探索行动，研究方法所提倡的理念与学校科研理念相契合，逐渐成为学校教师科研的关键着力点。

　　史家小学独特的校园文化和丰富的科研实践孕育了具有史家特色的科研理念。学校将科研兴校、教学科研一体化、批评反思和团队协作作为学校科研的指导思想。在确立了"科研兴校"的战略后，史家小学把"科研促教研，全面提升教育教学质量"作为学校的科研方针，在全体教师中推进树立科研意识、形成研修文化、遵守科研规范、培养科研能力、坚持科研精神和开展课题研究六方面的工作。面对教学与科研的关系这个关键问题，史家小学坚持教学科研一体化，让科研根植于教学，也让科研服务于教学。教师开展科研时，坚持批判反思的思想方法，坚持团队协作的行动方式，合力实现科育创新。

科研进步，管理先行。史家小学建立了完善的科研机构，制定了切实可行的管理制度。学校非常重视科研工作，为教科研顺利开展提供制度和资源等方面的保障。学校成立科研指导小组，建立科研管理制度、课题信息档案和课题指导专家库，完善图书资料系统，并支持教师参与课题研究和外出学习。史家小学的教科研走上规范化、制度化的道路。

多维立体的校本科研体系是史家小学不断成长的依托。史家小学通过广泛学习、关注需求、聚焦问题、广辟路径、思辨提升五个步骤，实现了科研水平的持续提升。第一，广泛学习——这意味着既要让史家小学的教师"走出去"，也要让校外专家"走进来"，从听、说、看、做中开辟学习路径，提升学习效果。第二，关注需求——包括关注学生需求、关注教师需求、关注学校需求和关注社会需求四方面的内容。关注学生的需求有利于通过科研工作帮助实现教育教学目标；关注教师的需求有利于促进教师形成职业精神、更好地服务教师自身的职业规划发展、提高教师的自我价值感；关注学校的需求有利于帮助教师更准确地聚焦问题、服务学校长远的发展规划；关注社会的需求有利于史家小学更好地承担社会赋予的教育责任和义务。第三，聚焦问题——聚焦问题是解决问题的重要开端，包括提出主题、减少变量、明确问题和确立课题四个方面。第四，广辟路径——史家小学的教师们采取了多样化的方式强化同伴交流、年级研修、学科研修和跨科合作，在教师间、年级间、学科内、学科间形成了和谐互助、团队共进的氛围和平台。第五，思辨提升。思考带来改变，改变推动进步。多样化的思辨方式是史家小学教师科研的特点，教师用案例分析、个人反思、教学叙事和科研论文的方式实现思辨提升，并形成了不计其数的教学案例、教育叙事、小论文和科研报告。

史家小学对科研的关注、投入和付出，最终成就了一支和谐成长的研究型教师队伍。他们具备先进的科研观念，能够准确把握科研与教学、理论与实践的关系；他们用科研推动课堂教学，为学生呈现师生互动、开放生成、和谐育人的课堂；他们实现了专业成长，用多元的知识结构、个性化的实践智慧、扎实的研究能力和优秀的写作水平展示他们的变化与进步；他们拥有幸福，在坚持理想、团队建设、学生成长和科研进步中体会作为教师的价值感、成就感和喜悦感。

研究型教师队伍的成长，也成就了史家小学科研发展的辉煌。"十一五"期间，当大多数学校还在以参与者身份做科研时，史家小学的教师就已主持了1个国家级课题，6个北京市市级课题。"十二五"到来之际，王欢校长身先士卒申请到1个国家级课题，学校教师积极行动申请到12个北京市市级课题，课题数量成倍增长。课题主持人既有学校领导，也有普通教师，涵盖语文、数学、英语、德育以及科任学科等方面。

回顾过去，史家小学用"和谐教育"的理念引领了教师科研成长之路，铸就了六支各领风骚的学科研究团队。展望未来，史家小学希望发挥领导力、活力、合力、魄力、协力这"五力"效应，实现"领导带头，全员科研"的战略目标！

作　者

2012年8月

目录

第1篇　史家小学的科研进程

第1章　顺应时代社会发展的史家科研 / 3
第1节　基础：和谐教育思想 / 3
第2节　契机：新课程改革 / 5
第3节　着力点：行动研究 / 9

第2章　史家小学科研发展的五个阶段 / 11
第1节　起航：科研意识的觉醒 / 11
第2节　扬帆：和谐教育的理论思考 / 15
第3节　乘风：专家领航史家科研 / 17
第4节　顺风：踏上行动研究之路 / 22
第5节　奋进：校长领军全员参与 / 25

第3章　史家小学的科研展望 / 29
第1节　领导力：打造科研型领导团队 / 29
第2节　活力：一线教师独立承担科研课题 / 30
第3节　合力：与大学形成"研究共同体" / 31
第4节　魄力：打破学科教研组界限 / 33
第5节　协力：共建同盟校，推动教育均衡 / 34

第2篇　科研理念与管理机制

第4章　科研兴校的战略 / 39
第1节　树立科研意识 / 39
第2节　形成研修文化 / 41
第3节　遵守科研规范 / 42
第4节　坚持科研精神 / 43
第5节　开展课题研究 / 44

第5章　教学科研一体化 / 46
第1节　根植教学的科研 / 46
第2节　服务教学的科研 / 48
第3节　批判反思的科研 / 50

第6章　管理机制的保障 / 52
第1节　科研机构的建设 / 52
第2节　科研制度及规划 / 54

第3篇　多维立体的校本科研

第7章　广泛学习 / 63
第1节　专家引领 / 63
第2节　外出交流 / 66
第3节　网络学习 / 68

第8章　关注需求 / 69
第1节　关注学生 / 70
第2节　关注教师 / 71
第3节　关注学校 / 73
第4节　关注社会 / 75

第9章　聚焦问题 / 76

第10章　广辟路径 / 79

第1节　同伴交流 / 79
第2节　年级研修 / 81
第3节　学科研修 / 82
第4节　跨科协作 / 83

第11章　思辨提升 / 85

第1节　教学案例 / 86
第2节　个人反思 / 89
第3节　教学叙事 / 92
第4节　科研论文 / 95
案例11.1　一次开放式作业引起的思考 / 86
案例11.2　运用"短板理论"考量自身的"知识结构" / 90
案例11.3　个性化阅读的培养 / 92
案例11.4　儿童怎样学习"20以内数的认识" / 96
案例11.5　教师语言评价在体育课过程中时效性的研究 / 106

第4篇　和谐成长的研究型教师队伍

第12章　教师观念的转变 / 117

第1节　科研与教学的关系 / 117
第2节　理论与实践的关系 / 118

第13章　课堂行为的改变 / 120

第1节　师生互动的课堂 / 120
第2节　开放生成的课堂 / 125
第3节　和谐育人的课堂 / 130
案例13.1　知其所以然："旋转"的"转"怎么读 / 123
案例13.2　现在的学生真的是不好"教"了吗 / 128
案例13.3　学生是教学设计的起点与归宿 / 133

第14章　教师的专业成长 / 135

第1节　多元化的知识结构 / 135

　　　　第2节　个性化的实践智慧 / 138
　　　　第3节　优秀的写作水平 / 139
　　　　第4节　扎实的研究能力 / 139
　　　　案例14.1　如何使形体课吸引低年级男生 / 140

　第15章　教师的职业幸福 / 149
　　　　第1节　在坚持理想中体会幸福 / 149
　　　　第2节　在团队建设中体会幸福 / 150
　　　　第3节　在学生成长中体会幸福 / 151
　　　　第4节　在科研进步中体会幸福 / 152

　第16章　各领风骚的学科科研团队 / 154
　　　　第1节　数学科研团队：从学生需求出发 / 154
　　　　第2节　语文科研团队：与传媒联姻 / 157
　　　　第3节　英语科研团队：教学方法的改进 / 159
　　　　第4节　品社品生科研团队：个性化作业 / 160
　　　　第5节　艺术和科技科研团队：培养学生特长之路 / 162
　　　　第6节　德育科研团队：依托"阳光公益社" / 165

附　录

　附录Ⅰ　小学实施和谐教育的途径和方法结题报告 / 169

　附录Ⅱ　引领教师走进教科研——突破小学教师从事教育科研的瓶颈 / 187

　附录Ⅲ　基于学生数学学习需求进行教学设计的研究结题报告 / 199

　附录Ⅳ　通过"绿色奥运"研究培养小学生综合实践能力的行动研究结题报告 / 223

　附录Ⅴ　在合作反思中促进小学艺术教师专业成长的行动研究结题报告 / 243

后　记　/ 251

跋　不断拓展史家教育的精神空间 / 253

第1篇 史家小学的科研进程

  史家小学的科研历程，是以"和谐教育"思想为基础，立足行动研究的方法，抓住新课程改革的有利契机，扬帆起航的历程。史家小学的科研工作经历了科研意识的觉醒、和谐教育的理论思考、专家领航史家科研、踏上行动研究之路、校长领军全员参与等五个过程。史家小学的科研在发展，史家小学的教师队伍在成长。

第1章
顺应时代社会发展的史家科研

第1节 基础：和谐教育思想

和谐教育是史家小学牢固树立的办学理念和多年探索的办学特色，和谐教育的思想是学校开展校本科研的基础。史家小学和谐的教育教学环境也为教师开展研究提供了充足的支持。

卓立校长是和谐教育思想的提出者，他曾在多种场合反复强调，衡量一所学校的办学水平：一看校长的办学理念；二看学校的师资队伍；三看学校的硬件设施；四看学校的科研能力和水平。

卓立校长认为，教师专业化的发展是衡量学校办学水平的重要标志，是决定学校发展水平的重要因素。2004年，卓立校长在《锻造教师队伍的几点思考及措施》一文中就写道："一所学校，努力按照'三个面向'的要求创设现代化的育人设施和育人环境固然重要，但我认为，更重要的是锻造一支优秀的教师队伍。锻造教师队伍是提高教育教学质量的关键，没有一支优秀的教师队伍，想提高质量就是一句空话。锻造教师队伍是学校一项经常的、艰苦的、长期的工作，因此，这是个非常值得研究的工作。"

因此，在史家小学，教师是主体，是学校发展的第一资源，是学校最大的财富。品牌需要人才来支持，因此培养核心骨干人才，加大培养名教师的工作力度，努力造就一批特级教师和学科带头人，以带动整个教师群体素质的提升与发展是史家小学的主旋律。学校力争为每一位教职员工提供无边界的舞台，精心打造教师和干部队伍，帮助教师插上腾飞的翅膀，发挥教师在素质教育中的主体作用。

史家小学通过不断的学习和严格的管理来传播学校的教育理念和发展目标，帮助教师构建自我发展的框架，把教师个人的追求融入史家小学长远发展之中。学校将不断地通过吸纳人才（严进慎出）、培养人才（教师的专业化塑造）、用好人才（为教职员工提供展示自己才华的大舞台）、留住人才（教师专业化的开发和管理），从而有效地促成教师职业生涯的成功实现，为史家小学的可持续发展培养高素质的教师队伍。

从卓立校长的办学思想出发，史家小学确立了"科研兴校"的方针。以"教育科研"为史家小学发展的突破口，以科研带教研，加速学校教学改革的步伐，促进学校可持续发展，实现"和谐教育"的发展蓝图。

史家小学的发展动力就是靠教育科研。通过教育科研，教师获得教育新认识，产生教育新思想，建立教育新理论，从而指导教育实践。所以，学校把"科研促教研，全面提升教育教学质量"作为学校的科研方针。将科研活动作为学校"和谐教育"发展的持续动力，在着眼解决当前问题的同时，还要为学校的后续发展提供支撑。

为了使优秀的科研人才脱颖而出，学校要求教师不仅有自己的科研课题，还要积极参加学校的教育教学科研活动。包括积极撰写论文、案例、制作课件、参加各种研讨会、报告会、准备专题的发言。每个学期学校都要开设教研公开课、接待课、引路课，千方百计地将教师推向前台，让教师在历练和反思中获得成长。在教育教学的实践中锻炼教师，为他们日后成为学校的栋梁之材打下坚实的基础。

第2节 契机：新课程改革

2002年新课程在全国推展开来，提出教师要转变角色，成为教育教学的"研究者"，这为史家小学提供了新的发展思路和有利的发展契机。

新课程改革强调，要改变过去教学和研究脱节的现象，在教学过程中，教师要以研究者的眼光审视和分析教学理论和教学实践中的各种问题，对自身的行为进行反思，对出现的问题进行探究，对积累的经验进行总结，使其形成规律性的认识。简而言之，就是要求教师要从单纯的"教书匠"转变成有想法、有创造力的"研究者"。

史家小学抓住新课程改革的契机，从多方面开展工作，帮助教师成为研究型教师。从学校整体层面来说，史家小学提出科研兴校的战略，并在卓立校长的带领下开始了独立承担科研课题的道路。2007年，时任副校长的王文利带领全校教师开展了《培养小学研究型教师的行动研究》，从学校宏观发展、教师队伍整体成长的角度，深入研究如何从学校层面帮助教师实现向研究型教师的转变。对每一位教师来说，在学习新课程的新思想、探索在教学实践中应用新课程改革的新方法的过程中，他们获得了很多的灵感。新课程的教育教学观念对教师来说也是一种巨大的挑战。因为传统的教育观念、教学方法都有一定的根基，要整体撼动传统的做法、推行新的方法，并不是一件容易的事情，所以教师们在实践中会遇到种种问题，都需要汲取集体智慧、借助专家帮助、依靠自我反思，对问题进行深入分析、研究和探索才能够解决，新课程的新观念也只有经过多阶段尝试才能逐渐实现。因此，可以说新课程的提出为教师开展研究提供了更多的思路，帮助教师发现有待研究的问题。

1. 教师角色新转变：成为教育教学的研究者

教师参与科研，一方面，可以让研究结果变得更具有可操作性和实践价值。从可操作性方面来说，教师的第一要务是教学，他们身处在教育教学工作的一线，接触学生、观察学生、开展调查、进行实验都有十分便利的条件。在提倡教师做科研之前，各类专家学者就常常与学校合作，由学校协助搜集一手资料，提供给专家学者进行分析和研究。由此我们可以看到，教师日常的工作生活蕴藏的"科研价值"是不言而喻的。从实践价值来说，教师每天都和教育学生这项工作打交道，他们最清楚自己教学中哪些地方有问题，他们也最能知道什么样的研究成果对改变他们的教学实践最有价值。另一方面，研究可以帮助提升教师的科学理论水平，用科学理论指导教学。研究的过程是严谨、科学、系统的过程，教师必须以一定的方法、技能、知识和理论为基础，才能更加深入地剖析问题。因此，教师必须在科研过程中查阅大量的资料，进行大量的反思，由此教师科研的过程也就是一个学习的过程。教师在不断接触科学的理论，运用科学的方法，尝试新的教法做法中，既获得了科研能力的提升，也获得了教育水平的提升。

教师成为研究者，并不意味着教师要抛开教学、潜心科研。因为新课程要求教师成为"实践的研究者"，也就是说，教师在选择研究课题时并不是以学术上的热点、难点为目标，而是力图解决与自身教育教学息息相关的问题。这种研究具有自身的特殊性，总结起来可以概括成三点，即"为了教学，在教学中，通过教学"。"为了教学"，意味着教师研究的最终目标是解决教学中遇到的实际问题；"在教学中"，意味着教师以教学中存在的问题为研究对象；"通过教学"，意味着教师通过教学开展研究、寻找解决问题的方法。

2. 建立以校为本的教学研究制度

新课程指出,学校进行教学研究必须以校为本,即要从学校教育教学实践中的问题出发,通过全体教师共同研究,达到解决问题、提高质量的目的,即"在学校中,通过学校,为了学校"。

教学研究要在学校取得"合法"地位,并真正成为学校教学改革发展的永恒动力,必须进行制度化建设。通过制度化建设,在学校形成一种崇尚学术、崇尚研究的氛围,这是保证教学改革和教师专业化发展的最有力的内在机制。史家小学很早就开始着手建设学校的科研管理制度,现在已经形成了一个目标明确、内容健全的体系。史家小学把"科研兴校"当作学校的战略目标之一,把"科研促教研,全面提升教育教学质量"作为学校的科研方针,从管理制度、课题申请、课题实施、课题结题、课题成果推广五个方面制定了科研管理制度。制度保障让史家小学的科研发展有方向、有原则,是史家小学科研工作进步必不可少的一部分。

在落实以校为本的教学研究制度的过程中,史家小学坚持打造学校科研平台,坚持以教师为主体,以专家为依托,发挥科研对教学工作的牵引作用。依托一定的制度保障,史家小学对教师参与科研采取自由、开放的管理。一方面,学校全力支持教师参与科研,如提供资金、专家、培训等全方位的支持,提供教师科研平台;另一方面,学校坚持教师是科研的主体,不强求教师做科研,给予教师充分的自由和空间。在这样的管理下,史家小学建立了和谐自主的科研氛围,科研意识在越来越多的教师脑海中萌发、成长。

3. 研究实践全新的教育教学观念

新课程提出将"一切为了每一位学生的发展"作为最高宗旨和核心理念,通过总结和借鉴国内多年教育改革经验和国外优秀教育教学经验,新课程向教育领域注入了大量全新的教育教学观念。新课程的观念对教师来说是一种有效的指导,因为它对包括学生观、教师观、教学观、课程观等多方面进行了全新的阐释，指明了未来的教育教学发展方向。

● 新课程的学生观

新课程提出将学生看成发展的人、独特的人和具有独立意义的人。学生的发展是有规律的、动态变化的，在学生发展的过程中，教师能够起到很大的作用，尤其是能够准确把握学生发展规律、尊重学生特点、相信学生发展潜能的教师，对学生发展能够起到很大的推动作用。每一位学生都是独特的，认识到这一点，教师才会改变过去"一刀切"的教育教学方法，对不同的学生有不同的期待、不同的指导，才能照顾到不同学生不同的兴趣、爱好、动机、需要、气质、性格、智能和特长等。虽然说学生各方面的发展相对教师、相对成人来说都是极为不成熟的，但是无论如何，学生都是一个具有独立意义的人，是学习的主体，也是责权主体。每个学生都是独立于教师的头脑之外的，这是教师必须认识到的一点。虽然教师都希望尽可能帮助学生做出正确的选择，少走弯路，但是这种帮助只能是引导性的，而不是代替学生拿主意、做决定。教师必须尊重学生独立的意志，加以引导，这样学生才不会因为丧失了"话语权"而排斥教师帮他做出的选择。

● 新课程的教师角色

新课程对教师角色提出了新的要求，要求教师做学生学习的促进者、教育教学的研究者、课程的建设者和开发者。首先，对待学生方面，新课程强调教师要尊重学生，帮助学生，让他们自主、自发地学习，有兴趣地学习。教师要做学生学习能力的培养者和学生人生的引路人，从学生学习、人生发展等全方面促进学生成长。其次，对待研究方面，新课程鼓励教师参与科研，做科研型的教师，学者型的教师，把握科研的主动性，将个人优秀的一线教育教学实践经验加以总结、思考和创造，形成规律性的认识。最后，对待课程方面，新课程倡导民主、开放、科学的课程理念，确立了国家课程、地方课程、校本课程三级课程管理政策，要求教师形成课程开发和课程评价的能力。

学生观和教师观的转变，让史家小学的教师们开始学着"蹲下来"，用孩子的视角观察问题，这就促成了很多课题的产生。例如关注学生需求的《基于学生需求的小学数学课堂教学设计》，帮助低年级孩子理解应用题的《小学低年级解决问题教学中"画图策略"的实践研究》等。

新课程改革的10年，也是史家小学教师科研能力迅猛提升的10年。跟随着新课程改革的步伐，史家小学鼓励教师参与科研，全方位支持教师转型，研究型教师的理念逐步在教师心中生根发芽。科研从领导走向了普通教师，在取得丰硕的科研成果的同时，也成功实现了教师角色的转变，迈出了史家小学"科研兴校"的重要一步。

第3节 着力点：行动研究

在深化和谐教育思想、贯彻落实新课程改革的新要求的过程中，史家小学也迫切需要找到一条道路、一种方法，从而实现向研究型教师的转变，这个着力点就是"行动研究"。

行动研究起源于国外，并在国外教育教学领域大受推崇。在我国，行动研究最早被提出和推广就是在新课程改革期间。所谓行动研究，指的是一线教师和专家一起，就教育教学中存在的问题进行研究，通过反思、理论学习、讨论等方式进行研究，系统而公开地解决教育实践问题，目的是改善和提高教学水平。行动研究既是一种研究范式，也是一种研究方法。这是一种为行动而进行的研究，研究的目的是为了寻求解决实际教育教学问题的方法和途径；这也是一种对行动的研究，即这种研究的对象和内容就是行动本身；这还是一种在行动中的研究，即研究的过程也是开展活动的过程。

行动研究是史家小学校本科研所采用的主要研究方法，它的核心理念可以概括成四点。

第一，参与。"参与"的内涵在于"教师成为研究主体"。作为坚守在"第一线"的教育工作者，教师不再是研究成果的操作者或是教育行政指令的执行者，而成为了行动研究的研究主体，积极主动反思教育教学过程中的问题，亲自参与研究，以解决实际问题。并且，在这个过程中，行动研究强调教师们合作开展研究工作。可以说，参与是"教师主体进行合作的整体反思"的过程。

第二，改进。教师主体经过校本行动研究，所要实现的第一目的便是改进教育教学实践中遇到的问题。此外，校本行动研究的过程改进了教师对于自身身份的认识，使得教师能够寻找到更多的职业认同感。并且，在学校开展行动研究，最根本的目的落脚于改进史家小学为学生提供的教学资源和教学质量，学生是真正的、也是最重要的受益者。

第三，系统。行动研究是一种科学的研究方法，它不是"随性地解决问题"，教师在这个过程中必须要遵循科学精神的要求，采用科学的研究方法，进行系统的、持续的探索。

第四，公开。"公开"包含两个内涵。首先是研究过程的公开，行动研究要求研究主体杜绝"闭门造车"，提倡"合作反思"，共同探讨、解决问题；其次是研究结果的公开，要求研究主体将研究结果形成公开的文字，以便能够经过更广泛的实践检验，并根据检验结果进一步修正自己的研究成果。

史家小学的教师们跟随新课程改革的浪潮，接触到了行动研究这种研究范式和方法。而教师们在尝试过后发现，行动研究的方法是教师做科研的一种行之有效的好方法。

第2章
史家小学科研发展的五个阶段

第1节 起航：科研意识的觉醒

研究生课程班和小博士工程是史家小学科研的开端，共同促进了史家小学教师团队科研意识的觉醒。研究生课程班是在校外专家的指导下，史家小学的教师们学习科学理论、运用心理学方法并研究改进教学方法的过程，帮助史家小学的教师队伍积累了教学理论知识和教学实践经验，为教师开展科研奠定了理论基础。小博士工程中，史家小学的教师们指导全校6个年级一起开展了研究性学习和实践性学习，教师们自学了科学研究的步骤和流程，也从孩子们身上体验了研究的快乐。

1. 研究生课程班
● 背　景

在和谐教育办学理念的指导下，史家小学的师生关系、家校关系和教师之间的关系更加和谐，但是问题还是不可避免的出现，比如，教师对学习比较落后的学生容易失去耐心，对有心理和行为问题的学生缺少有效的教育方法等等。对此卓立校长一直在积极思考解决问题的途径。

● 过　程

1997年3月，我国著名儿童心理学专家、北京师范大学董奇教授主持的全国教育科学"九五"规划国家教委重点课题《新时期中小学心理行为问题、成因及教育对策的研究》需要研究基地学校，卓立校长听说后，与董奇教授进行了长谈，董奇教授将儿童心理发展理论和教育理论用于基础教育的理念、切实可行的解决方案和卓立校长不谋而合，于是，从1997年3月，史家小学成为董奇教授主持的课题的研究基地学校。

在卓立校长的带领下，史家小学领导班子的全体成员以及学校骨干教师、班主任20多人参加了课题组的培训、研讨、交流活动，卓立校长带头完成课题组布置的任务。教师们利用星期日去北师大听课，并且把学到的理论应用到教育实践当中去。1999年课题结业时，史家小学教师获科研论文一等奖的有3人，获优秀个人奖的有3人，获教育实践奖的有6人，史家小学被评为课题的优秀基地学校。在课题组的总结大会上，史家小学的发言得到了好评，内容还登在《北京青年报》上。

课题结题后，1999年9月，董奇教授在课题研究的基础上开办了"儿童青少年心理健康与教育研究生课程班"。卓立校长动员史家小学的年轻教师都报名参加，当时学校有60多位教师，卓立校长在内的领导班子的成员和骨干教师等一半多的教师报名参加了学习，总人数达到了33人。学习过程中，卓立校长只要时间允许，每节课必到，项红、孙蒲远、刘力平、严佶、万平、杨奕、曹艳昕等老师积极参加，教师们坚持听课、做作业、进行教育实践。学校承诺对于获得研究生课程班结业证书的教师进行奖励，报销50%学费，并晋升一级工资。在1999~2000学年度中，史家小学有15名教师被评为"优秀学员"。2002年10月27日，史家小学的33位教师全部拿到了研究生课程班的结业证书。

● 效 果

"研究生课程班"端正了教师对学生心理发展特点的认识,明确了教师在培养学生心理健康这一工作中的主体地位。"研究生课程班"让史家小学认识到培养学生心理健康的任务,只能通过教师在教育过程的渗透来实现。这就帮助史家小学在关注学生心理发展方面找到了方向,教师开始重视学习理论,自主探索和发明培养学生健康心理品质的新方法,例如发现闪光点、冷静一分钟、评语改革等等。

从董奇教授科研课题基地学校,到"研究生课程班",在北师大长达5年的学习过程中,史家小学成长起一批优秀领导和骨干教师,这些骨干教师不仅精通课程业务,更加了解学生的心理活动,通过把握学生的心理特点适时的改变自己的教育观念和教育行为,不仅仅是照本宣科的教书匠,而是重视学生心理品质培养的研究者。

"研究生课程班"让史家小学的教师第一次认识到,教师也可以根据理论知识和实践经验,去研究教育教学。

2. 小博士工程

小博士工程是"研究性学习"在史家小学的实践形式,作为史家小学研究性学习的成功经验,小博士工程帮助确立了史家小学在新一轮课程改革中的领先地位。教师通过小博士工程启蒙了学生的科研意识,开阔了教师们教育实践的视野,使教师成为研究者中的先驱。

● 背 景

北京市是在2002年新课程改革在全国推开时进入课改的,而史家小学开展小博士工程比实施新课程改革的时间至少提前了一年。在学生进行研究性学习方面,史家小学走在了前面,反映出学校教育理念的超前。2001年,时任史家小学校副校长的项红老师抓住时机前往华东师范大学参加高级师资研修班,经过3个月的学习,项红老师敏锐地察觉到"研究性学习"是实现新课改目标的一个有效方法。回到学校,项校长向卓立校长汇报了在学校开展研究性学习的想法,卓立校长非常支持。经过详细论证和周密准备,小学生研究性学习在史家小学开始了,取名"小博士工程"。2001年9月,在北京尚未正式进入新课程之际,"小博士工程"这一研究性学习的产物已经在史家小学扎根,并如火如荼地进行。

● 过 程

如何在学生们身上实现研究性学习呢?经过思考,史家小学的教师们决定引入"长作业",发挥学生的主体性,让他们研究自己感兴趣的问题,让小学生也当当"小博士"。学校将学生课表中已有的一节实践课加以利用,设置成"专题研究课"。学生自愿承担一项"长作业",学生完全主导,自主选题、调查、分析,教师、家长、社区专家提供全程服务。学生经历了动员宣传、组队选题、搜集资料和调研、撰写报告、结题宣讲五个阶段的历练,在探索中自主学习、解决难题。

● 效 果

史家小学凭借着学校深厚的文化底蕴、优良的传统、先进的办学理念和雄厚的师资力量,在新课改的刚起步阶段就已经取得了成绩,为北京的新课改作出了示范榜样。小学生自己研究问题、解决问题,这是头一回,小博士工程受到了媒体的关注,产生了一定的社会影响力。

(1) 学生的收获。小博士工程结束后,学生的人际交往能力、思维能力、口头表达能力、写作能力、科研技能都得到了提高。在整个过程中,以学生为主导,无论是选题、调查还是撰写报告,教师只在开始前提供必要的指导,具体内容完全由学生自行完成。学生对自己的课题完全负责,从要研究什么样的问题,到小组从什么渠道搜集资料,到要用什么方式进行展示等。学校会为每一位学生提供展示成果的平台,但是不会为课题设定太多的优良中差的标准，做到什么程度全凭学生的兴趣和努力。学生能够坚持整个过程，为自己的兴趣负责，找到自己感兴趣的问题的答案，就是对他们最好的奖励。

（2）教师的收获。小博士工程让教师系统学习了如何做科研。虽然很多教师都有撰写学术论文的经验，但是在小博士工程中，因为要教学生如何做科研，教师们都系统学习了科研的步骤和方法，包括如何选好题、写开题报告、文献检索、设计调查问卷、设计访谈、撰写研究报告等，系统性地、全面地学习了科研的各方面技能和技巧。同时，教师也在孩子们研究的过程中感受了科研的魅力。教师在带领学生做科研的过程中，把自己放在了旁观者的位置上。教师之前是自己做科研，现在是看着自己的学生做科研。在这个过程中，教师感受了孩子们追寻答案时的执著，遇到困难时的坚持，实现目标时的成就感，这些对教师来说也是一种提升，让教师更加认同科研。

第2节 扬帆：和谐教育的理论思考

史家小学科研发展的最初阶段，学校各级领导充分发挥了"领头羊"的作用，其中最具代表性的就是史家小学前任校长卓立，他主持的"十一五"课题《小学实施和谐教育的途径与方法的研究》，是史家小学科研历程中重要的里程碑。

● 背 景

1991年，卓立校长在全面总结史家小学以往办学经验的基础上，提出了把"和谐教育"作为史家小学实施素质教育的一种办学模式，使原有经验得到升华。2005年，胡锦涛总书记提出"和谐社会"的治国大略，"和谐"成为了深化素质教育的指导纲领。史家小学自1991年提出和谐教育思想之后，一直在不断地对它进行探索和思考，"和谐社会"的提出，对史家小学来说既是一个鼓舞，也是一个契机。顺应时代社会的发展主题，史家小学开始重新对和谐教育进行理论和实践的思考。

● 过 程

2006年，卓立校长带领全校教师着手对"和谐教育"理念进行再思考，力图形成和谐教育思想体系，在史家小学更加系统化、科学化地践行"和谐教育"。史家小学全体教师以强化对"和谐教育"理念的理解、更好地实现"和谐教育"为目标，对学校管理制度、课题建设、教师队伍建设、班级建设、网络环境建设以及后勤保障系统的建设等方面进行了反思和研究。研究的目标是完善学校的管理模式，构建"和谐教育"模式的教师队伍建设，构建教师学习型组织建设，研究教学质量与学生知识能力的培养关系。研究的主要方法包括行动研究法、教育教学经验总结法和个案研究法。

● 效 果

《小学实施和谐教育的途径与方法的研究》是史家小学第一次主持的课题，并取得了重要成果。首先，研究发动了全校教师共同参与。在课题研究的过程中，卓立校长充分发挥领导力，让全体教师都参与其中，这是在以往的参与式课题中无法实现的。其次，进一步推进了"和谐教育"理念的系统化和科学化。这次研究对"和谐教育"思想来说意义重大，2006年是"和谐教育"办学理念提出的第15年，通过全校性的反思研究，总结了在管理、教学、德育和教师团队建设中实现"和谐教育"的优秀经验，并形成了系统科学的"和谐教育"理论体系。最后，研究促进了史家小学教师团队的和谐发展。卓立校长一直强调要以教师队伍建设推动学校发展，本次研究很好地锻炼了史家小学教师的研究能力、团队协作能力和总结反思能力，实现了教师的专业化成长。

第3节　乘风：专家领航史家科研

随着史家小学教师越来越多地参与甚至独立主持课题，教师对专业化科研指导的需求增加。2003年，史家小学聘请了儿童心理学专家王文娟教授担任兼职科研副校长。科研副校长的到来，使得史家小学教师科研成为了教师日常工作的重要组成部分。聘任科研副校长是史家小学教师科研历程中的重要一步，是史家小学科研日常化、规范化和常态化的开端，帮助史家顺利从领导主持科研课题的阶段过渡到普通教师也能主持课题的阶段。

在专家的引领下，史家小学实现了"十一五"期间课题的大丰收。"培养研究型教师"课题是学校成功申报的第一个国家级课题；"学生需求"课题使得新课程中"以学生为本"的理念在史家小学成功实现；"绿色奥运"课题和"合作反思"课题的成功申报，使得史家小学的科研历程中第一次出现了由普通教师主持的课题。

1. 研究型教师课题

研究型教师课题全称是《培养小学研究型教师的行动研究》，是全国教育规划办支持的国家级课题，由时任副校长王文利教师主持，无论是从课题的级别上，还是从研究价值方面，都体现了史家小学科研水平的巨大提升。

● 背　景

2007年8月31日，胡锦涛总书记在全国优秀教师代表座谈会上的讲话中提出：教师是人类文明的传承者，推动教育事业又好又快发展，培养高素质的人才，教师是关键。在推进"科研兴校"战略的过程中，如何才能带好这支优秀的队伍，引导教师们在教育教学中，用科学的方法开展研究，成为摆在史家小学面前的一个重要课题。

● 过 程

课题以教师承担的与教育教学相关的科研课题为切入点，在实践研究中培养小学科研型教师，引导他们边学习、边总结、边实践、边反思，探索有效的方法与途径。研究倡导教师们"在研究中工作，在工作中研究"，主要研究三方面的内容。

（1）研究学校管理如何为教师成为研究型教师提供指导、服务和评价。

（2）研究培养研究型教师（认识研究的重要性、具有研究能力）的有效策略与途径。

（3）课题实验校层面：在整个课题的研究平台中，通过与课题组其他教师的合作研究、交流分享、反思，提升学校的科研管理能力和教师的科研水平，推动学校的可持续发展。

课题采用行动研究的方法，在文献研究、问卷调查等研究方法的辅助下对上述三方面的问题进行了反思和总结。

● 效 果

课题最终取得了良好的效果。首先，教师养成了学习和反思的习惯，能够及时固化科研成果，并应用到教学中，学生的学业成绩稳步提升。其次，学校的科研管理机制更加完善，形成了《教师教科研评价量表》，并开拓了多种帮助教师学习提升自我的途径。最后，全校的科研氛围更加浓厚，教师主动承担科研课题的意识增强。

2. 绿色奥运课题

绿色奥运课题全称是《通过"绿色奥运"研究培养小学生综合实践能力的行动研究》，是北京市教育规划办批准立项、由史家小学一线教师李红卫老师主持的市级课题。绿色奥运课题和合作反思课题都是2007年申报成功的。从这两个课题开始，主持课题、开展科研不再只是学校领导的"专利"，普通教师也开始承担课题。

● 背景

《基础教育课程改革纲要（试行）》指出："从小学到高中设置综合实践活动并作为必修课程。"综合实践活动成为了改变学生死记硬背现状的一个重要手段。李红卫老师带领小学生参与以"绿色奥运"为主题的研究，开发并整合教师、家长和社会等方面的课程资源，力图探索培养小学生综合实践能力的有效途径与方法，丰富三级课程中的主题活动类的校本课程，目的是通过引导学生亲身参与实践活动，培养小学生的综合实践能力，落实基础教育课程改革的目标。

● 过程

借助2008北京奥运会这一契机，李红卫老师从"绿色奥运"入手，带领小学生参与主题为"我是绿色小种子"的绿色奥运研究，在全过程中提高学生的综合实践能力。学生们通过上网搜集资料了解塑料的危害与益处，通过走出课堂，走进污水处理厂、社区、超市亲身参与到"绿色奥运"中去。学生们用自己的视角和能力，亲自发现与"绿色奥运"相关的问题，并研究解决这些问题。经过学生的思考和研究，大家集思广益想出了各种推广"绿色奥运"理念的小方法，如通过设计和绘制个性化的环保布袋子，在超市中用布袋子换顾客的塑料袋，与望京图书大厦合作推出将布袋子作为打折卡等等有益的活动。

● 效果

在李红卫老师的带领下，史家小学的同学们从课堂走向了社会，在国家限塑令颁发之前，学生们就用自己的行动感染了家长、伙伴和社会上的一群人。在取得一定社会影响的同时，学生、家长和教师也有了自己的收获。

学生成为了课题开展的主体，并有了很大的改变：收集和整理信息的能力得以提高；丰富了学生生活，充实了作文素材；与陌生人谈话的社交能力增强；更加敢于面对挫折；创新能力得到锻炼；强化了社会责任感。历时一年多的环保综合实践活动，从策划到每次活动，家长都是全程参与，所以家长也和我们的学生一样，提高了环保意识，并且改变了生活方式。对教师来说，锻炼了解决开展综合实践课的各种问题的能力，如时间问题、安全问题、校内外资源整合问题等，并从第一次主持课题的经历中锻炼和提升了研究能力。

3. 合作反思课题

合作反思课题也是史家小学的普通教师最开始主持的课题之一。课题全称是《在合作反思中促进小学艺术教师专业成长的行动研究》，由史家小学书法教师陈庆红主持，由艺术教师组教师合作完成。

● 背 景

我国基础教育课程改革为教师专业化提出了新的、更高的要求。建设一支以专职教师为主，数量和质量都能够满足学校艺术教育需要的艺术教师队伍，是提高艺术教育教学质量的关键。为了适应新的一轮课程改革，新课程标准要求教师必须更新教育观念、扩展知识、提高教育实践与科研创新能力。2007年，学校普遍存在艺术学科专职教师在数量和质量上不能够满足学校艺术教育需要的现状。即使学校设有艺术学科专职教师，也因为学科的相对独立性和分散性，造成了教师"各自为政""闭门造车"、缺乏必要的联系和交流、视野不宽、专业发展意识淡薄、自主发展能力不强等现象，影响了艺术教育教学质量的提高。

● 过 程

为了深入研究上述问题，研究以合作反思为切入点，以行动研究法、行为观察法、教育叙事法等为本课题研究方法。通过开展研究性反思课活动，把分散的艺术学科教师联系起来，构建起一个合作型的学习组织，在听课、说课、反馈等一系列活动中提高教师课堂教学的实效性；通过学习相关资料，接触先进的教育教学理念，开阔教师思路，提高理论和实践水平；通过撰写教育叙事，把教育教学过程中瞬间即逝的灵感、思考、经验教训记录下来，为今后的工作提供依据，为撰写论文积累素材；通过多元的反思活动促进教师对教育教学行为的认识并在隐性和显性之间转换。

● 效　果

合作反思是新课程改革对教师的新要求，而史家小学书法学科陈庆红教师成为了第一个在小学教师群体中探索并实现合作反思的人。在全体课题成员的积极参与和努力下，在课题研究"四条线"的思路指引下，课题组较好地达成了课题研究目标。

在学习型组织初建阶段，教师们表现出了较高的研究热情，对课题组布置的工作认真完成，严格按照研究性反思课的流程开展研究（见图2.1）。但偶尔会缺乏上交作业的时间观念，不知从何下手做研究，需要反复提醒和指导。

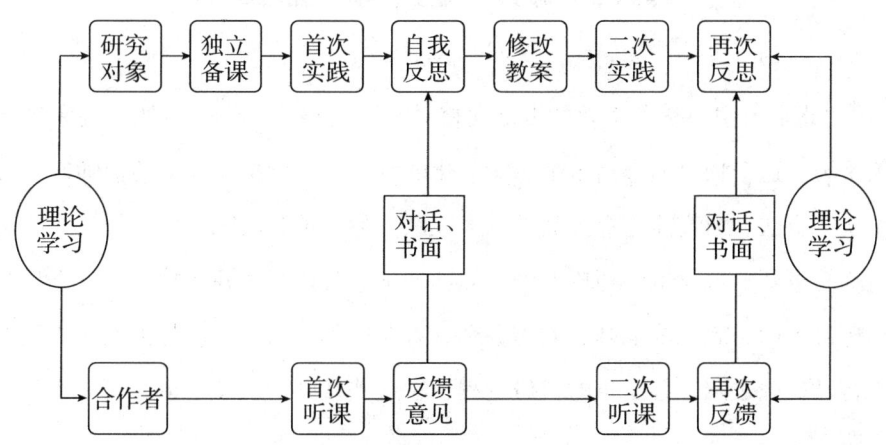

图 2.1　研究性反思课的流程

第一条线：利用科任教师任课班级多的特点，坚持开展研究性反思课活动，共计55次110节课。

第二条线：利用网络传输功能，坚持定期下发学习材料，共计50篇，教师们回复学习心得约12万字。

第三条线：课题组成员每月每人撰写一篇教育叙事，共计211篇约27万字，课题负责人为每位教师提供修改建议并回复感言。

第四条线：课题负责人每月制作并下发课题简报，共计21期，以便小结、分享各课题小组的研究进展。

通过引领一线的教师们亲历课题研究的全过程，逐渐驱除了多数成员对科研的神秘感和畏难情绪。课题帮助教师们树立了研究意识，养成了反思的习惯，教师间的互动交流更是增进了教师之间的情感。同时，以课题研究活动为纽带，实现了把相对分散的艺术学科教师联系起来，建立一个教师间合作型学习组织。

第4节　顺风：踏上行动研究之路

"北京市中小学骨干教师发展研修项目"对史家小学的科研发展来说至关重要。这个项目通过高水平、专业化的培训，帮助史家小学的教师们实现了研究方法、研究能力等方面的巨大飞跃。参与项目的陈凤伟副校长、语文组陈高老师，数学组韩巧玲老师、刘颖老师，英语组宋莉老师，科任学科组陈庆红老师、郭志滨老师、刘霞老师、谷莉老师一共9名教师由此正式踏上了行动研究之路，各学科的科研进程也在这些教师的引领下迈向了一个新的台阶。

2010年，北京教育科学研究院教师研究中心承担了北京市教委委托项目"北京市中小学骨干教师发展研修项目"，目的就是在中小学推广"行动研究"的方法，促进教师反思能力的提高和教师的专业成长。王欢校长认识到行动研究理念将给教师们带来的巨大改变，因此全力支持该项目在史家小学的实施。

行动研究是教师自身专业成长的需要。"红后效应"告诉我们，如果你想在激烈的竞争中生存和获胜，想取得更大的成功，就必须比别人学习得更快、更好。因此史家小学一直鼓励教师们勇于争先，而教师参与科研仍然不可避免会遇到一些实际困难，如缺少研究方法而无从下手，研究过程中出现了问题却无人交流和点拨等等。面对种种困难，学校非常渴望获得外界的帮助。此时此刻，史家小学的骨干教师们加入到"北京市中小学骨干教师发展研修"这个项目中，有机会聆听到专家学者的讲座，更新观念，开阔眼界；有机会近距离接受教育研究领域专业人士的研究指导，提高研究能力。这是为史家小学的教师们搭建起了一个崭新的发展平台。

"北京市特级教师提升计划"的启动意味着教师们行动研究之路的开始。在专家的带领下，史家小学的教师们开始系统学习行动研究方法。行动研究主要包括以下六个步骤：确定研究需要调查的问题和情境；解释（行动研究要研究的）问题；解释资料收集的背景和方法；从以前的行为或者实践中分析资料；在资料分析的基础上实施行动策略；公开发表研究成果。史家小学的教师们也是按照这六个步骤，在专家的指导下确定了各自的研究主题，并着手用行动研究的方法开始研究。项目从2010年开始，历时1年，共开展项目跟进8次，在开题、中期检查和结题时均召开了报告会，史家小学陈庆红、韩巧玲两位老师还代表史家小学去台湾地区参与了交流活动。

1. 率先在教学中实践行动研究

在"2010年北京市骨干教师发展研修项目"中，史家小学成功完成了研究，9个课题均受到项目组专家的高度评价，全部教师均获得了奖励，陈凤伟、韩巧玲和陈庆红老师荣获一等奖，刘颖、刘霞、谷莉、宋莉老师荣获二等奖，郭志滨老师和陈高老师荣获三等奖。教师的科研成果全部以论文的形式发表。

2. 重新理解教师参与科研

参加过"2010年北京市骨干教师发展研修项目"的教师都表达了这样一种观点：学习了行动研究，才第一次真正地理解什么是教师的科研！行动研究告诉教师，科研并不是脱离教师生活的，恰恰相反，科研最重要的就是要与教学实践相结合，凝结实践的智慧，解决实际问题。行动研究让教师认识到，他们的实践经验是宝贵的研究资源，是教育学专家都无法接触的一线经验和资源，科研就是要"抢救"这些经验，通过总结反思让这些经验系统化、科学化，并固化下来，得到分享。

3. 系统掌握行动研究的方法

与以往跟着专家做科研不同，北京市骨干教师发展研修项目虽然有专家的指导，但是科研的主体是教师。也就是说，北京市骨干教师发展研修项目组为参与的骨干教师提供了一个很好的平台和支持，要求教师不依赖专家、独立完成自己的研究，完成"发现问题——分析问题——解决问题"的整个步骤。专家给教师们开讲座、做跟进、做评估，教师们边学边做边改进，项目实施的整个过程，也是教师系统掌握行动研究方法的过程。

4. 教学质量的改进

行动研究从解决教学问题出发，最终教师们都收获了教学质量的改进，这突出表现在学生们的变化。宋莉老师通过"小组合作策略"让整个英语课堂变得活跃起来；韩巧玲老师通过"数独游戏"让孩子们的数学思维动起来了；陈庆红老师通过"书法赏析活动"诱发了孩子们的学习兴趣……这些改变，都是教师们开始研究前苦苦追寻而不得的，通过行动研究，调查学生需求，寻求解决对策，实施和调整解决方案，教师们惊喜地发现，课堂变了，孩子们进步了。

5. 思维方式的改进

项目的另外一个效果，就是让教师们学会了"反思"，这种反思从自发变成了自觉。从前，教师们也经常反思自我、发现问题，但是这种反思是随意的、发散的，缺乏一种解决问题的科学思路。行动研究告诉教师们，解决问题的第一步就是要"聚焦问题",把问题说清楚了,把问题涉及的关键点找准了,问题就已经解决了一半。

6. 埋下科研的种子

行动研究方法是教师科研领域一种重要的方法,从西方引进的时间不长,但却已经站在了科研的前沿。史家小学的领导们看到了这一点,比如王欢校长在决定参加"2010年北京市骨干教师发展研修项目"时,就用发展性的眼光挑选了史家小学各门学科的骨干教师参与其中。而每名教师肩负的不仅仅是个人学习的任务,还肩负了将行动研究方法引入史家小学各门学科的责任。事实证明这种安排是正确的,参与的教师们都在项目培训的过程中,感悟了行动研究的魅力,收获了知识、改变了方法、更新了观念。而作为各门学科的带头人,他们的收获不仅仅是一个人的收获,也是整个学科组的收获,许多教师在参与"2010年北京市骨干教师发展研修项目"中的课题后并没有因为项目结束而终止,而是被教师们带回史家小学,与同学科的教师们一起将课题进行了范围更大、更有深度的研究。无疑,9名参与"2010北京市骨干教师发展研修项目"的教师,就像史家小学播下的9颗种子,经过专家的培育和浇灌,现在已经开始在各自的领域中生根发芽。

第5节 奋进:校长领军全员参与

王欢校长自2010年来到史家,就把学校发展的重任担在肩上,身先士卒实践"科研兴校"战略。在继承卓立校长和谐教育办学理念的基础上,王欢校长把握史家学校可持续发展道路上的方向,坚持把教师科研作为学校未来发展的重点和亮点,提出"鼓励全体教师人人做科研,学校全体干部必须成为研究者,在科研中提高学校的领导力"。

1. 校长领军

"十二五"期间,王欢校长身先士卒,从学校教育教学发展的全局出发,从关心各科科研发展出发,领军全体教师申报课题,并成功实现1个国家课题、12个北京市课题的立项。课题数量创史家小学科研历程中的新高,主持人涉及了全校所有学科团队,可谓是发动全校教师,人人参与科研。王欢校长本人承担了其中唯一的一个国家课题,并带领语文团队成功申报了两个北京市课题。

● 创新人才课题

《探索校本课程和谐发展促进创新人才培养的行动研究》是由王欢校长主持的国家级课题,课题在2011年立项以来,发动全校教师参与其中,已经在全校各个学科团队中开展了研究。根据研究内容,按照校本课程的类别,课题设计了以下子课题:

如何利用"学科拓展课程"促进创新型人才的研究;

如何利用"创新体验课程"促进创新型人才的研究;

如何构建"人文素养课程"促进创新型人才的研究;

如何构建"健康课程"促进创新型人才的研究;

如何利用"德育校本课程"促进创新型人才的研究。

课题第一步将采用理论研究、实践调研的方式,研究创新人才培养与课程设置、实施的关系,以及校本课程开发实施与教师专业发展的关系。课题第二步将采用行动研究的方式,探索校本课程的开发与构建。

● 史家传媒课题

王欢校长充分发挥领导的带动作用,带领语文组成功申请了北京市级课题《小学综合实践活动校本课程"史家传媒"的研究与开发》,主要由陈高老师协助开展研究。

史家小学一直致力于综合实践活动课程与校本课程的开发，建立培养学生全面发展的和谐课程体系，已经有了自己初具规模的学科校本课程体系。如何整合各学科、提高学生的综合能力成为了语文教师们想要探索的新课题。传媒作为我们生活中不可或缺的产业，学生每天置身于传媒的方方面面之中，耳濡目染，既熟悉又好奇。通过"史家传媒"这一综合实践活动的校本课程，必将大大拓展学校校本课程的领域，以其综合性、创新性、科学性和鲜明的个性树立具有示范意义和启发意义的形象。

课题将从"史家传媒"的功能定位，"史家传媒"校本的开发，"史家传媒"对学生综合能力的促进三个方面进行研究，实现"史家传媒"校本课程的开发，并通过不断反思研究，总结经验，形成特色推广。

● 课外阅读课题

近年来，世界各国都兴起了以培养学生阅读能力为核心的教学改革，各国都非常重视儿童的阅读问题。在王欢校长的带领下，史家小学语文组教师开始了对《小学生课外阅读有效策略的研究》的研究，由孙莹、李娟两位老师主要负责。

阅读是小学语文教学的有机组成部分，能促进学生开阔视野、增长知识，提高认识、陶冶情操，自觉能动、全面发展。但根据学者的调查，学生语文阅读中还存在着一定的问题，如整本阅读的学生少，盲目随意地阅读的学生多；有计划有目标地阅读的学生少，有啥读啥、想读啥就读啥的学生多。这些问题也是史家小学的教师们十分困惑的问题。为了解决这些问题，语文组教师们开始着手研究，在行动研究中探索最佳对策。

2. 全员参与

在王欢校长的带领下，学校各学科组教师都被充分动员起来，人人参与到科研中去，用科研解决教育教学中的问题，用创新精神探索改善现状的新方法、新策略。其中，科任团队相关的课题有4个，数学团队相关的课题各有 3 个，德育团队、语文团队相关课题各有 2 个，英语学科相关课题有 1 个（见表 2.1）。

表 2.1　　　　　　"十二五"期间史家小学教师课题研究

序　号	级　别	课题名称	立项人	执行人
1	国家级	《探索校本课程和谐发展促进创新人才培养的行动研究》	王　欢	陈凤伟 吕闽松
2	市　级	《小学综合实践活动校本课程"史家传媒"的研究与开发》	王　欢	陈　高
3	市　级	《小学生课外阅读有效策略的研究》	王　欢	李　娟 孙　莹
4	市　级	《关键事件对新教师入职影响的实践研究》	陈凤伟	陈凤伟 吕闽松
5	市　级	《小学生数学基本活动经验积累的实践研究》	陈凤伟	陈凤伟 韩巧玲
6	市　级	《小学低年级解决问题教学中"画图策略"的实践研究》	刘　颖	刘　颖
7	市　级	《通过参加公益活动培养小学生品德行为的实践研究》	洪　伟	洪　伟
8	市　级	《通过精彩班级建设对小学生进行生命教育》	张　婉	张　婉
9	市　级	《阅读指导策略对小学高年级英语水平提高的实验研究》	寿小曼	寿小曼
10	市　级	《依托社团建设培养艺术特长生途径的行动研究》	范汝梅	赵亚杰
11	市　级	《基于信息技术平台促进教师专业成长的行动研究》	汪　忱	汪　忱 付　航
12	市　级	《小学生肥胖的影响因素及干预措施的行动研究》	张欣欣	牛东方
13	市　级	《小学品德与社会课个性化学生作品设计指导的行动研究》	郭志滨	郭志滨

第3章
史家小学的科研展望

第1节 领导力：打造科研型领导团队

一所学校的发展前途是由学校领导团队的理念和管理决定的，自2010年接任史家小学校长以来，王欢校长一直以其卓越的领导力和战略性的眼光推动着史家小学的发展，提出在科研中培养优秀领导班子的举措，要求全体干部必须成为研究者，在科研中提高学校的领导力，做到"无科研，不领导"。

打造科研型领导团队包括两层含义：一是领导要带头做科研，意味着领导团队的每一位成员都要对所负责的工作进行研究，通过研究，更准确地把握工作的重点以及问题所在，提高管理水平；二是领导要带动其他教师做科研，领导要为教师提供支持、帮助，并动员所属部门的教师一起做科研。

领导带头做科研，对史家小学的未来发展意义重大。首先，科研受到领导重视，学校在制度建立、资金分配时就会在一定程度上向科研倾斜，以保证科研在学校中的地位，保证科研顺利进行；其次，领导行为能够对其他教师产生影响，他们的关注点和兴趣影响着教师们的关注点和兴趣，如果领导团队带头做科研工作，教师也就会热衷于科研，学校会形成浓厚的教科研氛围；第三，领导眼光能够准确把握住学校、学科的科研发展方向。领导团队亲自参与并指导下属的科研，能够把握本学科的时代脉搏，紧跟课改的精神，创造性地指导教学工作和培养教师。

"十二五"期间，在王欢校长的带领下，学校主要领导也集体行动起来，从书记、副校长到各学科主任都开始做科研，这在史家小学的发展历程中是从未有过的。全体干部参与到科研中来，能够带动各学科团队形成合力，共同向史家小学"科研兴校"的战略目标迈进。

第2节 活力：一线教师独立承担科研课题

经过"十一五"和"十二五"的努力，史家小学目前有14位教师独立承担了国家级和市级科研课题，但独立承担科研课题多是校长、副校长、主任，一线教师比较少。今后，史家小学支持更多的一线教师独立承担科研课题，使一线的教师成为学校的科研骨干，真正达到"以科研促进教学"的目标。

一线教师科研能力的成长需要学校的支持。学校用长远的眼光看待科研人才问题，不仅为教职员工提供完善的物质保障，同时用极具吸引力的事业、用无边界的舞台、用优秀的学校文化和良好的人才机制留住人才，使这种全面科研的氛围在史家得到延续，不断完善和加大学校对于科研的奖励制度，凡是教师通过自主科研获得各种荣誉称号或在报刊上发表文章，学校奖励同等的奖金和稿酬，使教师对科研充满激情。

从史家小学多年积累的科研经验看，一线教师科研能力的培养须从做小课题入手，在科研骨干的带领和指导下，通过小课题研究，解决在教育教学中的实际问题，进而提升教师的科研能力。培养教师从教学实践中发现问题、研究问题和解决问题的能力，这是教师获得独立承担科研课题能力的关键所在。一线教师科研能力的提升对教师专业发展、学校长远进步都是十分重要的。从教师自身来说，科研的过程也是教师的思维力、创造力、行动力和教学能力得到锻炼提升的过程。爱因斯坦曾经说过："提出一个问题往往比解决一个问题更为重要，因为解决问题也许仅是一个数学上、实验上的技能而已。而提出新的问题，新的可能性，从新的角度去看旧的问题，却需要有创造性的想象力，而且标志着科学的真正进步。"科研能力的提升就是在教师发现问题、解决问题的过程中得到实现的。从学校长远进步发展来说，科研实现了实践经验的提炼与传承，也推进了整体教师队伍的成长。教师做科研，是立足教学实践的科研，是有益于教学的科研。这个过程中，教师将实践经验加以反思、研究，并进行了开拓性的创造，解决了教育教学中的一些问题，也为教育教学提供了新的经验。与这些经验同样重要的是，教师在这个过程中实现了自我提升，而对一所学校来说，教师的水平至关重要。

现在，史家小学有10名市级骨干教师，40名区级骨干教师。未来，史家小学致力于通过鼓励一线教师主动、自发地独立承担科研课题，培养更多的市级骨干教师、区级骨干教师。这样孜孜不倦的追求，将使得史家小学的发展充满活力。

第3节 合力：与大学形成"研究共同体"

在史家小学科研发展的道路上，一直伴随着来自大学专家的支持，可以说，没有专家，就没有史家小学的科研。未来，史家小学的科研，依旧需要与专家合作，与大学合作。但这种合作，将会是以史家小学教师为主导的合作。

史家小学与大学形成"研究共同体"包括两方面的含义：一是史家小学的教师根据史家小学的实际情况，为了解决教学问题、确定研究课题，邀请大学的专家教授指导和参与课题；二是史家小学的教师为了研究，主动联系相关专业的大学教授，结成紧密的研究伙伴关系，参与大学的相关研究活动，以提高自己科研能力。

与大学形成"研究共同体"对史家小学意义重大。第一，在科研中坚持主导地位，才能获得科研水平的提升。以往的科研中，多是以大学为主导，是根据大学的需求进行研究，小学只是参与，帮助收集数据，进行简单的分析。在这种情况下，教师缺乏自主性，课题选题不自主，科研进程不自主，完全是在专家的指令下照章行事，所承担的工作也只是科研中的一小部分。这样的科研关系中，教师完全是依赖专家的，自身科研能力难以成长。近年来，史家小学已经有一批教师先成长起来，独立承担了一些课题。但是，全体教师的成长，离不开学校对教师主导科研的支持，只有独立了，教师才会实现科研成长，学校才能真正实现"科研兴校""全员科研"。第二，学校科研进步离不开专家的指导。坚持教师主导科研并不意味着学校要与大学、与专家割裂开来，自行其事。大学专家们往往对教育领域的问题有着更为准确、更为深刻的理解，他们前沿的科研眼光、严谨的逻辑思维、专业化的研究方法都将为小学教师提供有力的帮助。有了专家的帮助，教师们能够更加快速地走上科研之路，也能更好地把握科研的方向，开展正确的科研行动。这种专家的支持，对教师来说是必不可少的。第三，建立与大学的紧密联系，能够提升小学科研的高度。在史家小学，基本上每位教师都能够针对教学问题开展小课题研究并撰写论文，骨干教师和部分普通教师已经能够主持课题。但是，由于教师既是研究者，也是实践者，他们在研究问题时，视野会相对集中在日常的教学实践中。在科研初期，教师能够通过科研解决实践问题，就是巨大的成功。而在经过一定的发展之后，面向未来，史家小学应该获得更加开阔的视野，在确定科研课题时，应该更具有前瞻性和预见性，而这必须通过强化小学与大学间的联系来实现。史家小学科研水平的拔高，离不开大学专家的熏陶和带动。

展望未来，史家小学将积极主动与大学建立紧密联系，形成"科研共同体"，在专家科研精神的引领下，在专家的科研思维的熏陶下，与专家合力达到史家小学科研的新高度。

第4节　魄力：打破学科教研组界限

经过多年的历练，史家小学各个学科教研组开展了各种研究，取得了各自独特的、具有鲜明学科特色的经验，以学科教研组为单位开展科研，已经成为了一种惯性的做法和一种科研风气。未来，史家小学将打破学科教研组界限，整合资源，根据问题来做研究。

在学科整合方面，史家小学已经开始进行了一些尝试，如由体育教师张欣欣主持的"十二五"课题《小学生肥胖的影响因素及干预措施的行动研究》，就是体育组与学校卫生室共同合作申报和开展的，信息组和语文组、英语组也进行了合作，今后，学校将大力倡导进一步消除学科界限，加强学科教研组的合作。这意味着史家小学将更多地开展跨学科的综合性研究。

跨学科的综合性研究是近年来科研的一个重要方向，这种研究往往具有很高的价值，也具有相当的难度。综合性研究是打破一般分科课程的框架、把几个学科领域内的内容综合起来的一种教学科研，主要从"整合"概念出发，探讨不同学科使课程中分化了的东西有机联系起来，实现一体化，其实质是一种采用各种有机整合的形式，使学校教学系统中分化了的各要素及其各成分之间形成有机联系的课题，是一种新的研究思路。实现它需要各科相互学习、不断交流、完美配合，这对教师的学科理解、科研能力、协调能力和整合能力来说，都是巨大的挑战。能够主持跨学科综合性研究的人，必须对多个学科均具备一定的了解，并且具备一种宏观的掌控能力，这对许多大学教师来说都具有一定的挑战。

但是，提出更高的目标，才能激发教师的潜力和动力。提出明确的方向，才能带领全体教师向同一个方向共同努力。打破学科教研组的界限，将实现史家小学科研团队的进一步提升，开展跨学科的综合性研究，也是史家小学紧跟国内外专家科研方向，为自身科研发展提出的高标准和新目标。

第5节　协力：共建同盟校，推动教育均衡

教育资源应该得到共享。2008年，史家小学和东四七条小学在东城区教委的领导下结为"深度联盟校"。四年多来，两校不断推进联盟建设，在义务教育均衡发展方面进行了有益的探索和尝试。今后，史家小学将通过吸引七条小学的教师参与科研课题，来帮助七条小学建设教师队伍，提高七条小学的教育教学水平。

史家小学一直致力于促进区域优质教育资源共享，推动义务教育高位均衡发展。2008年，为进一步落实《北京市中长期教育改革和发展规划纲要》提出的"推动义务教育优质均衡发展，建立健全义务教育均衡发展保障机制"和《东城区"十二五"期间教育事业发展规划（征求意见稿）》中"完

善义务教育均衡发展机制，促进资源共享，切实缩小校际差距"的相关政策要求，史家小学与东四七条小学的合作涉及教师资源共享、研训互动机制建设、教育理念共享和硬件条件共享等方面，在2011~2012学年开学前，两校联合召开的行政会议上，两校管理层一致认为，通过全方位的资源共享，史家小学的优质教育资源得到了深度挖潜，七条小学的固有教育资源得到了迅速扩充，从而实现了资源配置的"帕累托最优"。

在"十二五"规划顺利进行之际，科研方面的各方面资源共享将成为北京市东城区史家小学和东四七条小学深化联盟的一个重要组成部分。现在，史家小学与东四七条小学已经建立了互动的科研发展机制：一是形成了互派优秀教师深入对方学校一线教学的制度；二是形成了师徒帮对和联合教研组制度，两校教师根据学科特色和教师的发展方向，形成带徒、带教、带课题的常规化活动；三是形成了联盟大年级组制度，在两校一年级组中实现了"三统一"：管理统一、课程统一和评价统一；四是形成了教师"工作坊"制度，使两校有共同研究取向的教师结合在一起，形成学习、研究、交流、实践的共同体，在日常的合作中渗透科研，构建"互为资源"的教师科研发展模式。未来，史家小学将在已有机制的基础上，积极行动，通过多途径的合作，将教师优秀的科研方法、经验以及在外学习的经验无保留地分享给东四七条小学，将以从科研上带动同盟和整个东城区的科研事业、为促进两校孩子的终生成长奠基作为自身重要的使命和目标，为推动区域教育的均衡发展尽力。

第 2 篇 科研理念与管理机制

理念是所有工作的灵魂，而理念的提炼则需要深厚的功底。无论是卓立校长提出的"和谐教育"理念，还是王欢校长提出的"领导带头，全员科研"的思想，都是两位校长善于学习、主动思考的产物。史家小学实现和谐教育的过程，是以科研为载体，以课堂实践为重点，以学生发展为根本而不断发展的过程。史家小学的科研，立足学校发展，以教师为主体。学校坚持自己的科研理念，提倡科研服务教学，鼓励教师通过群体的批评反思和实践性的行动研究开展科研。

第4章
科研兴校的战略

科研兴校就是在专家引领下，通过教师全员参与教育科研活动，提高全体教师的素质，解决教育教学中的实际问题，提高教育质量和效益，实现学校内涵发展。其中，科研是手段，兴教是目的和结果。史家小学的发展战略之一就是依靠教育科研实现学校教育教学和学生整体的和谐发展。所以，学校把"科研促教研，全面提升教育教学质量"作为学校的科研方针。通过教育科研，教师获得教育新认识，产生教育新思想，建立教育新理论，从而指导教育实践。将科研活动作为学校发展的持续动力，在着眼解决当前问题的同时，还要在大多数程度上为学校的后续发展提供支撑。

第1节 树立科研意识

科研意识指的是研究者探究、认识未知的觉察力和主动性。具有科研意识的教师能够认识到科研的必要性、重要性和科研的价值，能够主动地在教育教学过程中学习科研、开展科研。史家小学教师们科研意识强，这与领导的远见、和谐的氛围和教师们的先进性是分不开的。

早在"九五"期间，史家小学教师就开始参与各类校外专家主持的研究课题，在这个过程中，学校领导逐渐认识到科研的作用，并通过研究生课程班、聘请学术科研副校长等方式，着手培养教师科研能力，建设史家小学的科研体系。尤其在新课改提出"校本科研"理念之后，学校开始酝酿申报史家小学独立承担的课题。一直以来，学校领导都把实施校本科研，实现"科研兴校"作为重要的战略之一，学校成立了由校长负责的学校科研指导组，指导组成员由学校主管领导和校内外专家组成，对学校的科研进行全方位的指导。刚开始的时候，教师们也经历了迷茫、厌烦等阶段，他们认为做科研只是教育理论工作者和教育专家的事，是高深莫测很难做的工作；教师的任务就是教书，无需搞科研；有些人则把教育科研简单化，认为能写出文章、发表文章就是搞科研等。这些都削弱了教师的科研意识。但通过学校多年来的不懈努力，营造和谐的学校氛围，帮助教师们获得充足的空间和自由，强化领导、同伴们的支持，使得教师们的观念逐渐转变，他们逐渐认识到教师从事教育科研的价值所在，也认识到在新时期，仅仅会教课而不会教育研究的教师，不是合格的教师。学校鼓励教师将科研的成果写出来，申报各种荣誉和奖励，调动其科研的积极性、主动性和创造性。随着教师们在科研中收获了越来越多的成果，越来越多的教师认同了科研。史家小学也最终实现了科研意识从领导到全体教师的传播，并不断强化。

经过多年的发展和积累，史家小学的教师们已经具备了很强的科研意识。史家小学并不会用行政命令的方式强制要求教师做科研，但教师们个个愿意做科研，并且能够在科研中感受到幸福。史家小学英语教师金琳就说："如果要用一句话总结科研，那么我想说科研是很过瘾的！我喜欢看到自己在科研中不断进步。"在教育教学中遇到的难题,教师们已经养成用科研思维加以分析的习惯,除了申报立项的课题,教师们还有各种形式的小研究、小课题。

第2节 形成研修文化

文化是科研兴校战略的内核,史家小学在科研发展的进程中形成了自己独特的研修文化,即宽松民主、共谋共识、共为共享、和谐发展。史家小学为教师营造的是自由民主的科研氛围,没有行政命令或者高压政策,有的只是学校的鼓励支持,教师自主决定是否参与科研、参与什么形式的科研、开展什么主题的研究,整个机制是宽松的、民主的。教师们上下一心,形成了共同的愿景,即希望学校科研水平不断进步、永远走在时代发展和校本研究的前列。为了实现这个愿景,大家合力谋划提升科研能力,为做好一个课题实现学校科研发展,贡献自己的智慧。教师开展教学研究时,团队协作,乐于分享。教师与教师之间形成和谐的关系,彼此间良性竞争、相互帮助,教师们乐于在团队中分享自己的想法、收获和经历。

史家小学的研修文化是和谐教育的产物,也是科研发展中总结出来的精神财富。这种文化是共有的,它既是一种价值观,也是教师们的行为准则,它是使个人行为能力为集体所接受的共同标准。新加入史家小学的青年教师可以通过学习共享这种文化。史家小学的研修文化能够帮助学校协调全体教师的行动、为教师研究提供导向、维持学校科研管理的秩序,这种文化凝聚了史家小学科研发展历程的精华,并在史家小学不断地传承和发扬下去。

第3节 遵守科研规范

所谓科研规范，主要是指从事科研活动的行为规范，是以科研道德为基础，以科学共同体为主体，对科研及其相关行为做出的规制性安排。默顿提出科学规范应该包括普遍性、公有性、祛利性、有条理的怀疑性四个方面。

1. 普遍性

强调真理面前人人平等，即科学真理标准的一致性。在对科学成果进行检验时，只能根据其内在价值来衡量，保证科学成果与观察和已经证实的知识相一致，而不应当受到种族、国籍、宗教、阶级、年龄，或者科学家的威望、地位及其他条件的影响和制约，更不应将评价者的喜好甚至于偏见带入到评价过程中来。

2. 公有性

强调科学知识是科学家群体合作的产物，是被全社会所共同拥有的知识，不是哪一个科学家自己独有的。科学知识的占有、分配等施行公有主义，每一个科学家都应公布自己的科学研究成果，并且其成果能为全社会所用。

3. 祛利性

要求从事科学活动、创造科学知识的人"为求真而求真""为科学而科学"。科学家不应当以科学谋取私利，科学研究的成果不是某些个人的、几个人的或是一个小集体的私利，而是全人类的福利。

4. 有条理的怀疑性

要求科学家要具有怀疑精神，无论在知识被确证之前还是之后，无论其来源怎样，科学家都应当不受权威或外界其他因素的影响，一以贯之地对所有知识保持高度审慎的怀疑态度，而不是无条件地接受。

史家小学严格校本管理，聘请专家监督，要求教师遵守科研规范，做规范化的科研，鼓励人人做科研，要求教师要追求真理、分享成果，保持科研的纯粹性，保持怀疑精神。教师们自觉遵循，养成了良好的科研习惯和严格的科研纪律，科研规范已经成为一种教师群体中的共识，一种文化自觉。教师们自主做研究，人人都能享受学校提供的丰富资源和支持。教师们不抄袭别人成果，而是脚踏实地获得自己的研究成果，追求实践问题的答案。

第4节 坚持科研精神

史家小学坚持"务实""严谨""创新"的科研精神。教师们坚持用科研精神引领科研行为，脚踏实地，认真踏实。

1. 教师们坚持"务实"的科研精神

"务实"的科研精神意味着教师在选择主题、搜集资料、开展研究等过程中坚持实事求是的态度，坚持科研要解决实际问题，科研要对改善教育教学实践有所帮助。在教师开展科研的初期，很多教师都经历过一段迷茫期，不能准确定位教师科研，不知道教师科研与专家科研的区别，没有认识到教师科研的特点和价值所在。在与专家科研进行比较的过程中，教师常常会因为理论深度、科学方法等方面的不足而丧失科研的信心和兴趣。但是后来，教师们理解了教师科研最重要的价值就在于"实践性"，并开始坚定"务实"的科研精神。这种精神一方面帮助了教师认同和评价自己的科研，另一方面也对教师参与科研提出了共同的约束和要求。

2. 教师们坚持"严谨"的科研精神

"严谨"的科研精神指的是教师们在科研过程中严格要求自己，用一种科学谨慎的态度对待科研。虽然教师的科研偏向实践，但是史家小学的教师们也十分重视科研过程、科研分析的严谨性。教师们不断学习，勤奋钻研，努力使自己的观念和方法能够与时俱进；教师们广泛搜集资料，反复讨论，用大量理论和资料支撑自己的分析和结论；教师们执著追求，敏而好问，在专家的指导下不断完善自己的研究。"严谨"的科研精神成就了教师们严谨的研究态度和研究过程，这种对自己的高标准、严要求，帮助史家小学的教师们成功地走到了今天，也将帮助教师们更加自信和踏实地迈向未来。

3. 教师们坚持"创新"的科研精神

创新带来改变，它是以新思维、新发明和新描述为特征的一种概念化过程。"创新"的科研精神指的是教师能够在研究时追求新思路，找到新方法，带来教育教学的新变化。史家小学的科研发展之所以能够取得众多的成果，与教师们敢于创新、善于创新是离不开的。史家小学的教师们具有创新意识，敢想敢做。教师们开展研究时，很多人都是从解决教育教学实践问题出发，而这些问题出现的原因大多源自原有的教育教学方法对它们不奏效，而史家小学的教师们敢于尝试通过自己的研究，创造性地找到解决问题的新方法。史家小学的教师们还善于将新的理念和方法引入教学研究，实现创新。例如，郭志滨老师通过在品社品生课中创造性地引入"个性化作业"，让学生围绕某个主题以各自喜欢的方式完成作业，实现了学生的个性化表达，也让学生更加深刻地理解教学内容。

第5节　开展课题研究

史家小学坚持以教师遇到的困惑为课题，鼓励教师立足问题，依靠课题，解决实践中的难题。

课题研究是科研兴校的主要途径，课题研究是科研的基本途径和形式，没有课题就谈不上研究，更谈不上科研兴校。史家小学支持教师参与课题研究，一方面鼓励教师参与校内教师承担的课题研究，另一方面支持科研积极的教师参与国家、北京市、东城区教育科研主管部门组织的相关课题研究。通过研究，了解国家基础教育改革的最新成果和前沿思想，学习先进的思想理念，尝试将研究成果用于教育教学实践，提升教师的科研能力和教育教学水平。课题管理采取"点面结合"的方法，以立项课题为核心和重点，同时通过立项课题的辐射作用，促进教师小课题研究。

立项课题一般是选题好、研究价值高的课题，能够得到一定的资金和专家支持。史家小学十分重视这类课题，集中人力、物力、财力，重点突破。课题申请时，学校会聘请各级各类科研专家给科研骨干进行指导和培训，从理论和方法上指导课题的申报工作。课题开展时，学校重点组织科研队伍主持课题，严格把关科研质量。好的开头是成功的一半，学校把指导教师做好课题的开题工作当做一个重要的工作任务。根据课题申请，指导承担科研课题的教师做好开题工作，帮助教师细化课题的中期成果，制定监督检查的机制，保障课题的顺利实施。在接下来的开题、资料收集、中期小结、成果总结、结题等各个环节，史家小学都严格按照科研规范完成。

教师小课题是教师们自主自发进行的校内课题。它简单易行，选题源于教师教学中最细小的问题，可以是一节课、一道题目等等，关注的是教师个人的教育教学反思与行为跟进、教师自身的问题解决与经验提升。它的研究周期短，过程灵活，成果展现形式多样。不限于研究报告，教师小课题的成果可以用教学案例、教育叙事、研究小报告等多种方式展示。可以说，小课题是一种低门槛、平民化的研究方式，也是史家小学许多教师一直在使用的一种教育教学新方式。

第5章
教学科研一体化

史家小学一直坚持将"教学"与"科研"相结合，主张科研要根植于教学，也要服务于教学，促进教学发展。

第1节 根植教学的科研

1. 研究主体是教师

教师是教学研究的主体，这是校本科研的基本理念，也是史家小学开展科研时遵循的基本原则之一。过去，科研只是专职研究人员的专利，教师只能通过接受访谈、帮助搜集数据和资料等方式低程度地参与到专职研究人员的课题中去。社会对教师的定位也局限在教育学生、传授知识，做一个专职的"教书匠"。知识经济时代的到来也让中小学校开始认识到研究教学、开拓创新的必要性。随着新课程引入国外先进的教育教学理念，教师成为研究者的理念逐渐被重视,并且在政府、学校和社会的共同努力下,得到了十分广泛的传播。

史家小学一直将教职工当成学校科研工作的主力军,鼓励教师以研究的态度对待自己的教育教学实践工作,把科研和教学相结合,用科学研究的方法解决自己实际教学中遇到的问题。史家小学坚持教师在科研中的主体性地位,虽然史家小学常常聘请大学教授、教育管理机构的管理人员等专家指导和帮助教师开展科研。但这并不意味着专家成为了课题的主导者,专家只是促进者和推动者,教师们向专家讨教和学习,实现科研能力的成长进步,获得独立承担课题研究的能力。在这个过程中,教师是研究主体,他们研究的是与自己日常工作息息相关的问题,也通过这个研究过程实现了向学者型、研究型、专家型教师的角色转换。

2. 研究对象是教学

教学是教学研究的对象,教师开展科研的根本目的就是解决教学中的具体问题。教师是校本科研的主体,他们在教育教学中会接触大量的实践问题,并且是最熟悉这些问题的人。正是为了解决这些问题,新课程才提出了校本科研的理念,而这些问题也是推动教师开展科研的直接动力。

史家小学鼓励教师发现教育教学中的问题,并通过多种途径帮助教师。学校科研指导组成员树立"问题意识",在听课、评课、集体备课等活动中,敏锐发现教师在教育教学中的问题,并和教师一起分析造成问题的原因,及时总结出有共性和代表性的问题。随后,专家和教师将共同努力对这些具有代表性的问题进行聚焦,实现问题向课题的转化。这一切都紧紧围绕教学展开。

3. 研究阵地是课堂

教师以课堂为阵地研究教学中的实践问题。这是因为课堂是教学活动的场所或环境，是教学现象发生与教学规律呈现的领域，是课程与教学活动的综合体。教学实践问题不可能离开课堂而存在，课堂是教学的载体，研究教学必须通过研究具体的课堂表现来实现。

作为研究阵地的课堂，并不一定局限于校内，在史家小学，教师们在很多研究中都带领学生们将课堂延伸到了校外，延伸到了社会这个"大课堂"。例如在开展小博士工程的过程中，教师指导学生进行探索性学习和研究，学生们涉及的主题很多都需要到校外进行探索研究，在教师和家长的共同努力下，很多孩子都在一名家长导师或者教师导师的带领下到校外调研。这个过程中，学生在研究各自的小课题，教师则在研究综合实践课这种方式对提升学生的语文能力、实践能力、沟通交流能力等多方面能力的作用，但这一切，都是以教师组织的课堂为阵地而实现的。

第2节　服务教学的科研

史家小学提倡科研服务教学，教师在科研中转变教学观念、提升教育理论水平、改善教学质量。

1. 科研解决教学问题

科研解决教学问题，这既是教师开始做科研的初衷，也是教师坚持做科研的动力。如果教师的科研也和专家的科研一样，盲目要求教师开展以"思想观念"和"理论流派"为己任的象牙塔式的研究，要求教师创造新理论、新思想，势必导致教师畏难、积极性降低，这样的科研对教师来说确实成为了一种"负担"。从一开始，史家小学就在不断寻找教师科研的定位，并且随着新课程提出校本科研的相关理念和思想，这个定位逐渐清晰，就是要以解决教学问题为目标开展科研，途径就是行动研究。学校将校本科研对象定位成"问题解决"式的行动研究，既清晰又准确，这为教师们提供了强有力的指导和牵引。

教师们以"问题解决"为目标，从多种多样个性化的角度切入，解决了许多教育教学中的实践问题。例如陈凤伟副校长主持的学生需求课题就是帮助教师了解了学生需求，从而解决教师因为不了解学生，教的内容和方式不被学生接受的问题。刘颖老师主持的画图策略的研究也是教师为了解决低年级学生理解数学题目有困难的问题而开展的，最终证明把题意画出来是一种行之有效的解决方法。

2. 科研探索教育创新

创新是一个民族进步的灵魂，是一个国家兴旺发达的不竭动力。教育创新就是为实现一定的教育目标，在教育领域进行的创新活动。追求教育创新是在解决教学问题的基础上提出的更高目标。

史家小学鼓励教师们在科研过程中探索教育创新。教师参与科研的目标就在于谋求对教育教学的改变，而创新能力是变革的重要源泉。教师们在外出学习、自我学习和向专家学习的过程中，接触了各种各样新鲜的理论和事物，各种新事物的刺激下，教师的灵感来源就多了，创新创造的可能性也在增加。例如书法教师陈庆红就是在读大本、学习《古文字学》这门课的时候，想到把古文字引入小学书法课堂，由此一发不可收拾，最终形成了史家小学的第一套校本教材。

教师在科研中探索教育创新，既要充分发挥教师的创造力，也要充分发挥学生的想象力和创意，从学生的身上寻找灵感。有时候，教师还可以集合学生家长的智慧，发现教育创新的好点子。史家小学将家长会改成家长沙龙的形式，家长们常常能够为史家小学教师们的工作提供一些很不错的建议和思路。例如在开展绿色奥运课题时，家长们提出以"小树"为象征物，设计了播种、发芽、小树等关键环节，既明确了教师研究的思路，其新颖的形式也得到了学生们的认同和喜爱。

第3节 批判反思的科研

教育教学中不可避免会遇到各种各样的难题，现有的理论和教师经验不可能永远为解决这些难题提供最佳答案。史家小学提倡教师们大胆批判、认真反思，学校支持教师们成为批判反思型教师，开展批判反思的科研，鼓励教师们通过自己的思考，提出对现状的改革方案，实现创新、突破和改变。教师只有不停地研究教学，对过去的经历进行批判反思和总结，才可能灵活应对教学实践中遇到的困难，找到解决的方案，达到教学效果的最优化。

1. 批判带来改变

教师善于动脑，善于比较，善于发现，大胆批判，才可能开启谋求改变、寻找解决方案的道路。批判就是抱着开放的、积极思考的态度，对教育教学中的问题、弊端保持敏感性，发现问题、认真思考，不屈服于学术权威或教育专家、不依赖传统或者旧有经验，而是敢于用自己的脑子去思考、去判断。具有批判思维的教师会对教学计划、教学行为及教学中施之于学生的影响进行评述与分析，对发生在自己周围看似平常的教育现象进行思考，对教学过程中的传统做法和习以为常的东西提出质疑，并敢于打破原有的常规秩序，抛开甚至彻底否定了之前的模式再重新进行建构，不断追求教学过程的合理性，开拓教育的新思路，创造教育的新经验，形成教育的新模式。敢于批判的教师，也是能够带来改变的人。

敢于批判使教师成为可塑性很强的人，他们接受变化的可能性，并且承认教育教学是不断动态发展的，永远有更好的有待教师们去挖掘和实现。批判精神一旦形成，就带有解放的特点，这种解放让教师产生了创造的激情，推动他们开始寻找塑造自身的各种力量，思考自己想要成为什么样的人，这诱发了教师跃跃欲试的心理，促使其从新的角度理解自我，不断地对关于自我和世界的形象重新定义。在批判的过程中，教师实现了现实自我与理想自我的沟通。

史家小学的教师们相信总会有更好的教育方式和方法存在，为此他们保持了对现状的批判态度和精神，不自满、不骄傲，而是踏踏实实、谋求改变。

2. 反思促进成长

美国心理学家波斯纳曾归纳出教师成长的公式："成长＝经验＋反思"。这说明教师能通过坚持反思教育教学经验，获得自我的成长。叶澜教授也曾经说过："一个教师写一辈子教案不一定成为名师，而如果一个教师坚持写三年教学反思可能成为名师。"

史家小学一直强调教师要多反思、多总结、多记录。实践反思能力的提升是教师研究能力提升的重要体现，也是教师专业化成长的重要一步。一方面，反思使教师承担了更多的角色，除了是一名教育者，教师也在反思过程中成为了受教育者、学习者和研究者。反思的过程中，教师需要更多的信息、更多的思考方法和理论模型等等以帮助他们去思考现状，为此，教师自发自觉地开始学习，并在学习中反思，在反思中开始研究，尝试不同的解决方案，在行动中研究问题。另一方面，反思使教师超越自己的思维能力，是创造能力在教育实践中的体现。教师在反思的过程中，能够充分发挥自身的主观能动性，并在这个过程中不断发展自我、完善自我。

第6章
管理机制的保障

史家小学科研的发展和成熟离不开学校领导的理念,同时也得益于完善的科研管理体制,管理机制是科研发展的有力保障。史家小学的体制充分发挥激励的正效应,兼容并蓄,赏罚分明,用管理机制将教师的发展与科研兴校的战略紧密的联系,实现调动教师科研积极性和提升史家小学整体实力的双赢。

第1节 科研机构的建设

学校把"科研促教研,全面提升教育教学质量"作为学校的科研方针。将科研活动作为学校发展的持续动力,在着眼解决当前问题的同时,还要在大多数程度上为学校的后续发展提供支撑。史家小学提出的科研体系以及科研目标并非一句空话,如果没有健全的组织结构和切实可行的保障措施,校本科研这一想法就很容易流于形式。因此，推进校本科研的机构建设是激活史家学校教学研究的一个重要方面。

史家小学根据学校实际的发展情况和科研经验，构建了以教学处为领导的校本科研组织机构（见图6.1）。

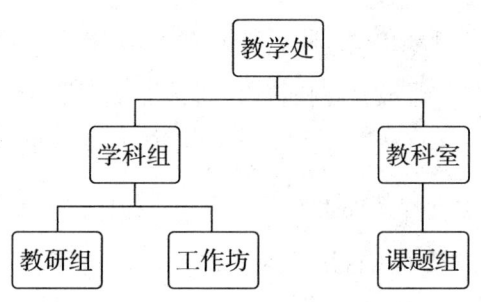

图6.1 史家小学科研组织机构

教学处作为史家小学校本科研的领导部门，下设学科组和教科室。学科组主要负责本学科的科研工作，下设教研组和工作坊。教研组主要对本学科教育教学过程中遇到的实际问题进行科研工作；工作坊是沟通学生和教师的桥梁，以面对面的方式了解学生在本学科学习过程中的需求，解决学生在本学科学习过程中遇到的问题，集中教师群体的力量培养学生在特定领域的兴趣和特长；教科室针对教育教学过程中的共性问题进行科研工作，教科室根据学校教育、教学工作及其改革实践的需要，制定并实施学校教育科学研究课题规划、计划，做好学校教育科学研究课题的申报、论证、审批及其成果的鉴定、评奖、推广和应用等工作。

以教学处为领导的史家小学科研组织机构使史家小学的校本科研工作有了专门的管理机构，这使得校本科研工作能够有计划地、顺利地开展，校本科研的目标能够围绕学校发展的整体战略规划顺利地实现。

第2节　科研制度及规划

科研制度及规划的工作目标在于，以教师承担科研课题为切入点，培养研究型教师，通过促进教师专业化发展，提高学校的教育教学水平。依据教师队伍现状，从科研管理角度，将教师分为三个层次：科研骨干教师、科研积极教师和一般教师。学校重点扶持第一层次的科研骨干教师，带动第二层次的科研积极教师，推动第三层次的一般教师。对于能够独立承担科研课题的科研骨干教师，引导和帮助他们独立申请承担国家、市和区级科研课题；对于有科研积极性的教师（特别是青年教师），一方面，鼓励他们参与学校科研骨干教师的课题，另一方面，引导他们参与和其专业相关的全国、市、区级课题；对于一般教师，指导他们撰写科研论文，参与科研论文评奖，逐步提高他们的科研意识和科研能力。

科研制度及规划具体措施如下。

1. 管理制度

建立科研网络的立体化管理制度，校长主管，教科室负责，教研组长、课题组长具体实施，这样，从上到下，层层分管，责任落实，人员落实。

（1）成立科研指导组。成立由校长负责的学校科研指导组，指导组成员由学校主管领导和校内外专家组成，对学校的科研进行全方位的指导。

（2）建立科研管理制度。学校在鼓励教师开展科研方面，建立相应的激励机制和评价制度，鼓励教师将科研作为职业生涯规划的内容，鼓励教师独立承担科研课题，鼓励教师成为研究型教师，在学校硬件建设中为教师开展科研提供支持和保障。

（3）建立课题信息档案。密切关注国家、市、区级各类纵向科研课题的申请及管理工作动态，根据学校的发展规划和教师的实际，将纵向科研课题申报、管理以及学校教师的科研成果等资料归类，建立"科研信息档案"，为教师的科研提供服务。

（4）建立课题指导专家库。根据学校科研工作安排，建立语文、数学、英语和科任等学科的"课题指导专家资源库"，有目的的与专家建立定期联系，为科研提供有针对性和实效性的指导。

（5）完善图书资料系统。开通中国知网，通过史家小学的校园网可以直接查到"中国知网"中与基础教育相关研究的专业文献。学校根据教师的科研需要，增订相关杂志和图书，支持教师的科研。

（6）支持教师参与课题。学校一方面鼓励教师参与校内教师承担的课题研究，另一方面支持科研积极教师参与国家、北京市、东城区教育科研主管部门组织的相关课题研究。通过研究，了解国家基础教育改革的最新成果和前沿思想，学习先进的思想理念，尝试将研究成果用于教育教学实践，提升教师的科研能力和教育教学水平。

（7）支持教师外出学习。学校倡导教师外出学习，引导教师用自己的眼睛去观察、发现并思考，了解教育界同行在关注什么，研究什么，以拓宽教师的视野，提升教师的思维水平。

2. 课题申请

（1）帮助教师发现教育教学中的问题。学校科研指导组成员在听课、评课、集体备课等活动中，发现教师在教育教学中的问题，和教师一起分析造成问题的原因，总结出共性和有代表性的问题，专家和教师共同将问题转化为科研课题的可能性增大了。

（2）指导教师将工作与科研相结合。指导教师追求"研究工作化，工作研究化"工作模式，遵循"在教育教学中发现问题——用科研的方法研究问题——将研究成果用于教育工作中"的路径，采取行动研究的方法，专家和教师一起对教师在教育教学中发现的问题进行科学研究。

（3）指导教师申请科研课题。

第一，聘请专家指导课题申请。请各级各类科研课题管理单位的专家，如全国教育科学规划办、北京市教育科学规划办等管理单位的专家定期和科研骨干教师座谈，介绍课题的申请要求以及课题指南，帮助教师确立申请课题的目标。请北师大、中央教科所、北京市教科院等著名大学和研究所的相关专家给科研骨干进行培训，从理论和方法上指导课题的申报工作。

第二，邀请专家和管理者参与课题。我们提倡教师开展由一线教师、专家、教育行政管理人员共同参与的"行动研究"，学校积极为科研骨干教师牵线搭桥，邀请大学教授、教育管理机构的管理人员等专家参与史家小学教师主持的课题，以提高行动研究的实效性。

3. 课题实施

（1）指导教师作好课题的开题工作。根据课题申请，指导承担科研课题的教师做好开题工作，帮助教师细化课题的中期成果，制定监督检查的机制，保障课题的顺利实施。

（2）指导教师用科学的方法研究问题。科研指导组的专家和教师一起讨论如何用科学的方法研究问题，指导教师查阅相关研究文献，确定研究方法，撰写研究计划，设计研究实施方案。

（3）指导教师在研究中解决问题。在教师的研究过程中，专家根据研究内容，指导教师学习相关理论，阅读相关书籍，将理论用于实践，在实践研究中解决问题。

（4）帮助教师解决科研中遇到的问题。专家有针对性的通过讲座、小组讨论、一对一指导等方式指导教师的科研工作，保证科研的顺利进行。

（5）帮助教师进行课题中期汇报。学校帮助教师进行课题中期汇报，听取来自各方专家的意见，及时调整和修改课题研究，以保证课题研究的效果。

（6）帮助教师固化科研成果。指导组专家指导教师定期在科研过程中进行反思，反思遇到的问题，反思如何采取行动，反思行动的结果。通过"个案报告""自我反思"等方式随时总结科研成果。每学期末指导教师撰写"教育叙事""教学设计""研究报告"等，固化科研成果。

4. 课题结题

学校请专家指导教师做好课题的结题工作。把结题作为研究和教育教学工作的总结，通过撰写结题报告，整理课题成果，深入思考和梳理，真正达到通过科研提高教育教学水平的目的。

5. 课题成果推广

科研管理工作的目标是通过提高全体教师的科研水平，提高学校的教育教学水平。教师的科研成果在全校范围内深度推广是学校科研管理的重要内容。

学校建立了科研论坛制度。根据学校科研进展，每月开展一次"科研论坛"，随时总结和推广科研经验。论坛包括汇报和点评两部分，由教师汇报，科研指导组的领导或专家对汇报内容进行点评。"科研论坛"包括以下内容。

（1）科研过程展示。承担课题研究的教师向全体教师展示科研过程，比如，如何设计调查问卷，如何统计分析调查问卷，如何将调查结果用于研究，如何撰写研究计划，如何实施行动研究等等。

（2）理论学习收获交流。教师在研究过程中针对问题学习相关理论，将理论应用教育教学实际中，有自己的收获和体会，这些教师在"科研论坛"中与全校教师分享收获和体会，再加上专家的点评，使大家重新学习和认识理论在指导实际工作的作用和价值，不仅能达到理论学习的效果，而且还能激发教师学习理论的热情。

（3）科研反思和感悟交流。教师在课题研究和教育教学中，结合相关理论，对教学工作和自己在教育教学中的行为进行审视和分析。既是一种理解与实践之间的对话，还是相互沟通的桥梁，又是理想自我与现实自我在心灵上的沟通，教师把这些思考与感悟与全体教师交流，不仅提高了教师本人的研究水平，而且对全体教师的研究水平的提高也是一种促进。

（4）课题成果汇报。课题成果汇报包括课题阶段性成果汇报和课题结题汇报。承担科研课题的教师将课题研究成果向全体教师汇报，不仅通过科研促进教育教学，而且对于推动更多的教师积极参与科研也会起到很好的示范和激励作用。

6. 编写学校科研简报

由学校教科室负责，编写学校科研简报。科研简报分为网络版和纸质版，定期出版。科研简报反映学校科研进展情况，刊登教师撰写科研论文，推荐供教师参考的优秀科研论文，介绍科研方法等。科研简报不仅能够鼓励和支持教师开展教育教学科研，而且还会提升教师科研论文的写作能力。科研简报主要包括以下内容。

（1）科研动态。刊登学校教师独立承担的科研课题的进展情况，如开展活动的照片，调研的材料，整理的文件资料等；刊登学校教师参与全国、市、区级课题的照片、活动情况记录等。

（2）科研论文。刊登学校教师在科研过程中撰写的科研论文，以及其他相关的优秀科研论文，供教师参考借鉴。

（3）理论园地。介绍对教师科研有指导作用的教育学、心理学等相关理论，并配有对理论的专家点评，指导教师对理论进行学习。

（4）科研方法。介绍与基础教育相关的科研方法，重点介绍这些方法如何在小学研究中的应用，尤其是介绍我们学校教师在课题研究中如何使用行动研究法、文献研究法、调查研究法等研究方法。

（5）课改动态。介绍国家、北京市及东城区课程改革的指导性文件和精神，引导教师及时了解课程改革方向，以调整自己的教育教学和科研方向。

为了使优秀人才脱颖而出，学校要求教师不仅积极参加学校的教育教学科研活动，还要有自己的科研课题。包括积极撰写论文、案例、制作课件，参加各种研讨会、报告会、准备专题的发言。每个学期学校都要开设教研公开课、接待课、引路课，千方百计地将教师的公开课推出去。在教育教学的实践中锻炼教师，为他们日后成为学校的栋梁之材打下坚实的基础。

学校用长远的眼光看待科研人才问题，不仅按照劳动法为教职员工提供完善的物质保障，同时用极具吸引力的事业、用无边界的舞台、用优秀的学校文化和良好的人才机制留住人才，并以制度的方式确立下来。

学校还非常重视解决教师们工作环境、待遇上的问题，使教师们有一个和谐的支持性工作环境，想方设法改善教师的办公条件和现代教学设备，多渠道、多途径地提高教师们的福利待遇和工作环境，使教师们能全身心地投入到教育和科研事业上。

第3篇 多维立体的校本科研

史家小学以多年的科研经验为基础,建立了一套多维立体的校本科研体系,这是史家小学多年积累的经验。在史家小学,广泛学习让教师变得功底深厚,关注需求让教师有了明确方向,聚焦问题让教师科研针对性强,同伴交流让教师在互助中提高,思辨提升让教师在反思中成长。史家小学多维立体的校本科研,是教师科研经历的浓缩,凝聚了史家小学科研的精华,也是教师成长方式的总结,展现了史家小学的科研成功经验。

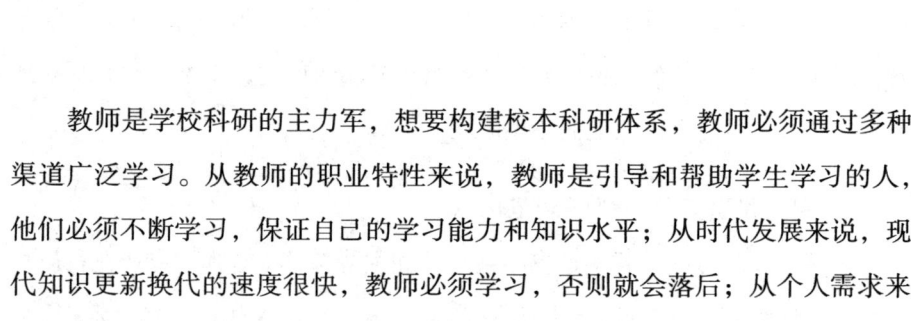

第7章
广泛学习

　　教师是学校科研的主力军，想要构建校本科研体系，教师必须通过多种渠道广泛学习。从教师的职业特性来说，教师是引导和帮助学生学习的人，他们必须不断学习，保证自己的学习能力和知识水平；从时代发展来说，现代知识更新换代的速度很快，教师必须学习，否则就会落后；从个人需求来说，教师学习不仅仅是为了适应外界变化，更是一种自我内心的需求。

第1节　专家引领

　　专家引领指的是专家为教师开展教育科研提供必要的帮助和指导。在史家小学，学校借助"外脑"——专家团队培训教师队伍。学校积极构建"专业研究专家资源库"，为教师的专业发展提供物质准备与服务。在这个过程中，史家小学构建了"了解需求，专业引领，实践运用，有效反思，专家指导,调整运用"的专家指导框架。具体说来,专家引领的学习形式主要有以下四种。

1. 参与课题:科研意识在萌发

史家小学从20世纪90年代初就开始参与各类研究课题,既有高校专家主持的课题,也有政府部门主导的课题,可以说,史家小学教师就是从参与这些课题开始成长的,这些课题是史家小学教师成长最初的牵引力。一开始,史家小学教师需要协助课题科研人员发放问卷、统计数据、接受访谈以及提供相关资料等。随后,史家小学教师开始逐渐协助设计调查问卷,参与撰写课题的开题报告和研究报告等等。最后,史家小学教师开始自己申报自己的课题,在科研道路上逐渐从依赖走向独立。可以说,参与课题为史家小学教师提供了"观摩"科研人员做科研的机会,耳濡目染中,史家小学教师在感受、在学习,科研意识在他们心里萌发。

2. 聘请科研指导:科研规范化

随着史家教师越来越多地参与甚至独立主持课题,教师对专业化科研指导的需求增加。北京东城区教研中心的戈海宁长期支持史家小学的科研,戈老师通过听课、评课,帮助教师分析教学中的问题,帮助教师从实际问题中找到科研的方向和具体的科研课题。北京东城区教科所历任所长对史家小学的科研都十分支持,从李胜利所长、杨国英所长到现任的骆汶所长都对史家的科研倾注了大量的心血,从选题到开题报告、中期报告、结果报告的撰写,手把手地指导教师们修改。

中国教育研究院的李嘉骏老师、北京教科院的张铁道院长、北京教育科学研究院教师研究中心的于霞主任、北京教育科学研究院课程中心杨德军主任等专家为教师们开设有关科研的系列讲座十几次,提高教师的科研水平。比如专家通过"如何撰写调查问卷"讲座,组织教师学习设计调查问卷,经过一段时间的实践，教师们已能熟练掌握调查问卷的编写，并能有效应用于教学，进行课前有效的教学前测，掌握学生知识储备，课后进行调查了解，反馈学生知识的掌握情况，为实现课堂教学的实效性、针对性提供了依据和可能。

北京教科院基础教育研究中心的吴正宪老师，对史家的数学学科的团队建设、教师专业发展、校本科研等方面给予了大力支持，对史家数学课题的研究均给予了具体指导。北京师范大学的刘英健老师指导学校科技组开展研究，科技组的主要研究内容是小学生研究性学生的指导，刘老师把北京市科协、国家科协及至世界科协信息和科技动态及时地传达给科技组的教师，并且和教师们一起讨论学生研究性学习的选题、研究内容和指导策略等，使科技组在指导学生研究性学习方面有了很大的提高。中央财经大学王文娟老师从课题申请的撰写、研究计划的确定、课题实施、结题报告等各个环节指导教师研究的全过程，通过专题讲座、案例分析、指导撰写教学叙事等方式来帮助教师提高科研能力。

除了这些专家，还有许许多多的专家也为史家小学提供了帮助和指导，为史家小学的科研发展作出了贡献。

3. 家长沙龙：巧用家长智慧

家长中，往往不乏各领域的专家。史家小学创造性地将家长会改成"家长沙龙"，把单纯的家长会变成有主题的家长沙龙，邀请家长齐聚史家，献计献策。有的家长能够帮助教师提供科研思路，有的家长能够帮助提供各类社会资源。家长沙龙让家长一起坐下来协助探讨史家小学发展的问题，谈论如何将他们的孩子培养得更好的话题。在这个过程中，积聚了各个领域的知识和智慧，也建立了家与校、家长与教师的紧密联系。

第2节 外出交流

校外的交流学习，是促进教师成长的一条较好的途径。史家小学倡导教师要走出去学习，要求每两年至少要外出培训学习一次。教师们通过外出学习参观，用自己的眼睛去观察、去发现，用自己的思维方式去思考，了解教育界的同行们在关注什么，研究什么，这些对拓宽研究思路、增强研究意识都有很大的帮助。

1. 参与学习交流会：紧跟前沿教育理论发展

史家小学积极参与各类学习交流会，接触最前沿的教育理论，在日本、美国、澳大利亚、印度等不同国度，都留下了史家教师寻觅的足迹。一方面，交流会往往是名家云集，各种思想在这里交汇、交锋。史家教师能够从交流会上汲取教育科研的养分，抓住研究热点、学习教学理论，获得教学科研的灵感；另一方面，交流会上专家学者的思想和精神能给教师带来一种心灵的震撼，激发教师科研的动力和潜能。

2. 参与观摩课：一边看、一边学习和研究

现场观摩课也是史家教师学习优秀教师的教育教学方法，探索研究改善自身教学效果的重要途径。正如史家小学教师左明旭所说："从现场课的观摩中我们感受到了浓浓的课改气息，感受到了教师积极探索的意识……这些对于我们的教学实践具有现实指导意义，使我们在对接中解读，在解读中理解，在理解中进行新的探索。"观摩课就是学习，观摩课就是研究，观摩课让史家教师集百家之长，融会贯通地研究解决实践问题。

3. 教师继续教育：提升自己专业化水平

从一名教师刚刚进入史家小学开始，史家小学就要求他成为一名终身学习的教师，为此，史家小学也积极与高校、专家团队合作，为史家教师提供

在职大本学习、研究生课程班、骨干教师培训班、研修项目等继续教育的机会，让教师通过多种途径完成学历教育或非学历教育等在职教育，不断提升教师的专业化水平。

（1）在职大本学习。史家小学鼓励教师提升自己的学历，许多教师在来到史家后都通过在职大本学习拿到了学历证书。在职大本学习为教师提供了重新系统学习教育理论，系统补充某一学科专业知识的机会，为教师研究改善教育教学提供了新的灵感。

（2）研究生课程班。研究生课程班是在职人员申请硕士学位的一种方式，每门课程修满学分并考试合格，可获颁相应的结业证书，如果要申请硕士学位，则需通过5月份的国家统一考试，然后撰写论文并答辩通过后便可颁发硕士学位。截至2011年，史家小学获得研究生课程班结业证书的有36人。

（3）培训班。培训班是一种灵活机动的教师集中学习方式，培训班的级别有国家级的、北京市级的和区级的，种类多种多样。从培训对象来说，包括校长培训班、书记培训班、骨干教师培训班、骨干班主任培训班。从培训内容来说，包括德育培训班、随班就读培训班等。史家小学经常组织教师参与各类教学科研培训班，提升教师的科研意识和教学水平。

（4）研修项目。研修是以某专业硕士研究生主要课程为教学内容，对具有大学本科毕业或相当学力程度的在职人员进行较系统的基础理论、专业知识与能力培训的一种教育形式。2010年史家小学参加的"北京市中小学骨干教师发展研修项目"，就帮助教师系统掌握了行动研究的方法。

第3节　网络学习

　　史家小学的信息技术发展较为迅速，实现了每个教师一台电脑，校园网络全线覆盖，校园内处处可以无线上网。"十一五"课题《培养小学研究型教师的行动研究》实施过程中，史家小学充分利用信息资源，创立了教师"网上学习论坛"。网上学习论坛是以网上学习的形式呈现，该论坛解决了教师没有时间学习的困惑。课题组坚持每两周为教师精选一篇学习文章，每学年能够推荐20余篇。学习的内容经过精选，贴近史家小学教育教学实践的内容。教师们还可以在论坛上发表自己的学习感想或者教育教学反思，将学习与自己的教育教学实践相结合，同时反思与感想的成果也成为其他教师学习、借鉴、分享的资源。

第 8 章
关注需求

在进行校本科研的过程中,在寻找问题、聚焦问题、分析问题的过程中,一定要对应学校教育教学的需求。史家小学的需求分析体系包括四个方面(见图8.1)。关注需求始终贯彻于史家小学校本科研活动,这是因为:关注学生的需求能够通过科研工作更好地实现教育教学目标;关注教师的需求有利于促进教师形成职业状态下的事业精神、更好地服务教师自身的职业规划发展、提高教师的自我价值感;关注学校的需求能够更准确地聚焦问题、服务学校长远的发展规划;关注社会需求能够使史家小学更好地承担社会赋予的教育责任和义务。

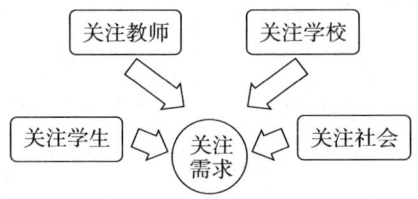

图 8.1 史家小学校本科研策略体系

第1节　关注学生

在实施和谐教育的过程中，特别是基础教育课程改革实验以来，"以学生发展为本"的教育理念，逐步深入人心。作为一种现代教育理念，要在具体的教育教学中得以充分的体现和落实，特别是转化为一线教育工作者——教师的教学行为，还会受到诸多因素的影响。其中一个很重要的原因，就是考虑和关注学生的需求不够。

从需求构成的角度分析，我们认为学生的需求可以由两个方面构成：第一个方面是社会教育责任所赋予学生需要具备的能力和素质。史家小学和谐教育的培养目标是使学生具有"优良的品德、灵活的知识、创造的能力、文雅的举止、健康的心理、健壮的体魄"，使学生的思想素质、文化素质、身体素质、心理素质都得到发展。在这里体现的是史家小学"人与社会和谐"的内涵；第二个方面是学生主体在心理、生理等方面的主观需求。无论是教育教学活动还是教师开展的科研活动，都必须遵循小学生生理心理发展的客观规律。此外，需求还可以分成共性需求和个性需求。教育教学、科研工作不仅要倾听、分析、提炼出学生在成长发展过程中的共性需求，还需要关注学生个性发展的个性需求。

教师开展校本科研工作的过程中，应当将关注学生需求这个理念贯彻于"对话—反思—互动—实践—提升"的全过程中。首先，本质上讲，科研活动是教师和学生共同参与和完成的过程，而学生是一切的出发点和归宿点。史家小学教师进行校本科研的最终目的便是为了努力创造条件让学生在和谐的教育氛围中愉快地学习，在和谐的兴趣乐园中陶冶情操。在科研逐步实现成果、运用于实践的过程中，需要不断地处理好传授知识与培养能力的关系，处理好培养学生的独立性和自主性的关系，处理好引导学生主动地、富有个性地学习和共性学习的关系等等，而这一切都需要围绕学生的现实来实现；

其次，一切科研活动都应该以学生的发展作为基础和最终的结果。教师应该把学生作为"社会人"来关注，既关注群体需求也关注个体需求，正视学生的差异，给每个学生提供思考、创造、表现及成功的机会，实施有特色的教学，使每个学生在原有基础上得到个性发展所需要的特色发展，促进和谐课堂的健康发展。综上，教师在开展科研活动的过程中，需要以了解和掌握学生的需求为切入点，在整个科研过程中不断地反思"究竟什么是社会要求学生具备的能力和素质？""究竟学生需要什么？""究竟学生向往怎样的学习、发展方式？"等问题，设计问卷、访谈，寻找机会与学生进行直接的交流，不断修正完善目标，最终实现教育的基本功能，促进学生的成长和发展。

第2节 关注教师

在史家小学的理念中，教师应该是孩子一生经历中重要的朋友，是孩子们学习道路上的引路人，是学生直接观察到的学科形象，教师就是学科的代言人和形象大使，如果教师成为了孩子眼中的天使，那么这个学科就成为孩子的乐园，反之有可能让孩子陷入炼狱。现如今，教师责无旁贷地要承担起新课程和学生之间的传递者的使命。因为新课程的蓝图，只有落实到课堂教学中，才能变成鲜活的、富有生机与活力的课程。那么真正决定课程改革进程和性质的不是书写出来的各种观念与规定，而是天天和学生接触的教师。可以说，新课程给教师带来深刻冲击和变化：新课程使教师成为了学习者，成为了研究者，成为了积极的实验者，成为了课程的建设者。而从学校层面引导教师参与校本科研，正是一种切实可行的有效方式，实现教师从"实践者"到"建设者"的角色转变。

可以说，在新课程的要求下，承担新课程建设的一线教师面临着越来越多的要求和挑战。正如上文介绍的史家小学"和谐教育"理念和校本科研目标所陈述的一样，史家小学"在和谐教育理念的指引下，积极促进教师师德修养、专业素养的发展，提高教书育人的综合能力，引导教师设计自己的职业生涯规划，关注教师职业发展的个性，实现自身的人生价值，培养一批反思型、研究型教师，使得史家小学的教师队伍呈现出职业状态下的事业精神"。

事实上，这个目标的设计正是史家小学关注教师需求的体现。那么，教师究竟有什么需求呢？首先，教师和学生一样，同样需要"成长和进步"。这里的成长和进步包括两个方面：第一个方面是职业发展的成长和进步，教师需要一条可预见的职业发展通路、需要较为广阔的职业发展平台和职业发展空间；第二个方面是专业技能的成长和进步，教师的教育教学水平、能力、经验都需要不断地提升。相应地，学校需要为教师提供职业发展通路、平台和空间，也需要为教师提供专业技能提升的平台和机会。其次，教师作为一个"社会人"，需要和谐的工作环境、和谐的同事关系、和谐的学校氛围，也需要得到认可和尊重，感受到成就感和价值感。

而校本科研的科学内涵保证了教师需求的实现。校本行动研究不是对教师职业的补充，而是教师职业生活方式的提升，它体现了教师作为人、作为事件者拥有的权利。在这种生活方式中，教师体会到自己的责任，体会到自己存在的价值和意义；在这种生活方式中，教师凭借着自己的力量，把自己和教育研究活动紧紧地联系在一起，并与教育研究活动共同构成了自己的生活世界；在这种生活方式中，教师发展了自己的理性，成为了自己的主人，不再仅仅凭借经验教书育人，而是通过科学、理性的研究改进了教育教学实践；在这种生活方式中，教师们改变了以往闭门造车的状况，培养了一种开放的心态，与校内外教师、专家一起互动、交流，相互学习、取长补短。最重要的是，这种生活方式使教师彻底成为教育工作的主体，教师通过自我反思、自我研究、自我实践，全面地提高了自身的主体意识，带来了全新的成就感和价值感。

教师角色的真正转换的确需要支持和合作。学校组织、教育部门领导乃至其他社会成员应当鼓励、支持教师成为教育知识的构建者。离开了这种鼓励和支持，教师构建教育知识的主动性、自觉性、积极性都将大打折扣，教师的生存环境就不利于自觉构建教育知识。当然，这种鼓励和支持可以有多方面的体现，如鼓励和支持教师搞教育教学改革、进行课程开发和教育教学探究；展开教后记、小论文、自传的评比活动；召开教育教学研讨会，请教师谈体会、感想和认识；促进教学观摩活动，进行教学公开竞赛等等。

在学校层面，史家小学在推进校本科研工作的过程中，始终关注教师需求的实现，采用了多样化的激励机制，保证教师开展校本科研的积极性，目前已经形成了整体的研修文化。学校管理体制为教师搭建了 N 个平台，分别为专家引领教师进行科研实践、创建网络学习论坛，提高教师的理论水平、外出学习交流机会，拓宽教师们的视野。这些平台为史家小学的教师成为研究型和反思型教师提供了绝对的保障。

在教师个人层面，史家小学在推进校本科研工作的发展中，已经培养出一批又一批具有高水平的研究型和反思型教师，做到"人人有课题"，并在课题研究中解决实际教育教学问题，全面提高自身的综合素质。

第3节　关注学校

学校作为公共教育的细胞，其发展的动力和能力已经成为教育质量是否能得到普遍提高的关键。因此，对逐步建立其以校为本的教学研究模式和教师专业化发展模式的期待日益高涨。

开展校本科研工作，培养研究型和反思型教师可以有效地推动学校的工作，它是学校发展的重要内容，是评价学校的重要指标，是学校完成国家、社会赋予的教育大计重任的主要手段。

在学校发展的过程中，同样面对着许多发展要求：第一，学校肩负着教授学生基础知识、培养学生学习方法、提高学生学习能力、促进学生全面和谐发展等任务；第二，学校肩负着转变教师教学观念、更新教师教学方法、提高教师专业化能力和素质等任务；第三，学校肩负着完善学校制度、提炼学校特色、提高学校整体教学质量和教学成果、促进学校发展等任务。

史家小学在进行校本科研工作的设计过程中，始终围绕着学校发展的战略目标，围绕着学生培养的方向，着眼于解决学校教育教学、发展过程中存在的问题，始终做到"实事求是"、围绕学校发展过程中的需求，贯彻"以校为本"的观念。事实上，学校自身发展的动力应当来自于学校自身，它是学校对现状和改革目标的理性认识，来自于校长和教师作为学校的主人、作为专业工作者对于教育的理想追求。

史家小学的教师在开展校本科研工作的过程中，始终以敏锐的观察，挖掘教育教学过程中的问题，以科学的态度完成科研课题，以踏实的记录撰写"教学叙事"，以求索的精神进行案例研究和积累，以共享的心态在"教育论坛"里讲述教学事件。史家小学通过多元立体的校本科研体系记录现象、发现问题、研究问题、解决问题，以踏实的工作和实际的行动促进学校发展、育人目标的实现。

第4节　关注社会

全面推进素质教育，切实确立教育优先发展的战略地位，是实现我国"科教兴国"宏伟目标的关键。21世纪是以知识的创新和应用为重要特征的知识经济时代，高新科技迅猛发展，国际竞争日趋激烈，国力的强弱越来越取决于国民的素质，特别是劳动者的素质。社会的信息化、经济的全球化使得创新精神与实践能力成为影响整个民族生存状况的基本因素。因此，在21世纪，教育将对我国综合国力的提升、人民素质的提高、社会经济的发展起到更为核心和基础的作用。在其中，基础教育更是负担着提高全民素质、增强综合国力的历史重任。

众所周知，学校承担着实际的教育责任。事实上，国家教育战略的设计、学校发展目标和发展方针的形成、课程体系的构建都紧紧围绕着社会对于教育的要求。而作为实现教育目标的手段和工具，校本科研也必须与社会要求保持高度的一致。

当今社会的变化和发展越来越迅速，对于人才培养也提出了更多的要求和挑战。在进行校本科研整个过程中，史家小学始终以求真务实的态度实地调研，发现社会对于学校教育教学、人才培养的最新要求，并在科研过程中不断地探索如何更好地实现这些目标和要求。可以说，史家小学的校本科研工作，始终关注着社会对于教育的需求。

第 9 章
聚焦问题

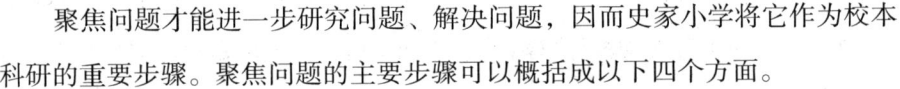

聚焦问题才能进一步研究问题、解决问题,因而史家小学将它作为校本科研的重要步骤。聚焦问题的主要步骤可以概括成以下四个方面。

1. 提出主题

提出主题是聚焦问题的第一步。教师们从自己平时感受最深的经历、最为困扰的难题出发,提出了自己想要研究的一些主题。主题只是一个大方向,涉及的变量很多、关系复杂,每个主题都可以从多个角度去探索,可挖掘的内容很多。教师不可能以这些主题为研究对象,因为这些主题太大,要准确把握主题,分层次分析主题,需要花费大量的时间和精力,其结果却不一定对教师改善教学有直接的帮助。

2. 减少变量

减少变量的过程也是做出假设的过程。教师必须首先明确自己研究的具体目标,围绕这个目标,教师开始假设一些变量,变量间的关系是固定的,以便在研究过程中减少对这些变量和关系的讨论，节省时间和精力。与此同时，教师也要逐渐发现自己最希望关注的变量，以及最希望探索的关系，并运用理论知识和逻辑分析能力，把握住关键变量，以期在研究过程中加大投入，深入挖掘变量间的关系，找到对实现自己的研究目标最为有用的方法。

3. 明确问题

经过一番衡量和简化，教师逐渐把握了两三个关键的变量。明确问题的过程就是将自己想要研究的变量，想要探究的关系说清楚的过程。随着涉及的问题由大变小，涉及的变量由多变少，问题变得具体，研究的可操作性也在增强，最终形成的问题是既具有实践价值，同时对教师来说也具有可操作性，这样的问题是最好的，是最可能寻找到答案的，也是最有意义的。

4. 确立课题

确立课题是聚焦问题的最后一步，教师通过开题报告，提出明确的问题和研究方案，并着手开始对问题开展研究。

在确定研究课题时，着眼于需求，选题来源于教学一线，学生出现了什么问题？哪些问题是集中体现的？哪些问题是在某一阶段重复显现的？就把这些问题集中起来，在集体校本科研中进行集中的讨论，确定研究的重点，使课题研究的内容成为真问题。史家小学在"十一五"期间独立立项和参与了多个课题（见表9.1）。

表 9.1　　　　　"十一五"期间史家小学参与的课题

解决的问题	研究的专题
解决教与学、教学内容与教学方法和谐的问题	《小学实施和谐教育的途径与方法的研究》
探索研究型教师的培养途径与方法，加速研究型教师队伍成长的问题	《培养小学研究型教师的行动研究》

续表

解决的问题	研究的专题
解决如何针对学生的学习需求而设计教学的问题	《基于小学生数学学习需求进行教学设计的研究》
及时发现教学设计和教学实施中的问题	《信息技术环境中利用互动反馈技术提高教学成效的研究》
解决如何在日常学习过程中培养学生的创新意识的问题	《课堂教学中基础知识与创新意识培养时效性策略的研究》
解决中小学数学教学中相关内容的衔接问题	《义务阶段中小学数学学段教学衔接问题的研究》
……	……

第10章 广辟路径

史家小学在进行校本科研策略体系的设计中,十分重视给予参与校本科研的教师更多的途径进行科研工作。在这个过程中,史家小学始终围绕校本科研"互动"的思想,通过同伴交流、年级研修、学科研修和跨科协作,共同实现史家小学校本科研工作的目标。

第1节 同伴交流

史家小学的教师自发地形成了多样化的交流平台,使教师们在开展科研工作的过程中,能够更好地取长补短、共同分享、相互合作、共同进步。

1. 交流会和小报

史家小学的教师们往往是多人合作,组队做课题。课题组成员定期召开交流会,组员互相交流研究心得,有问题拿出来大家一起讨论。除了语言的交流，课题组还常常采用出小报这种书面的方式，时时记录研究进程、组员心得和成果。

2. 师徒互助共进

为每一位新入职教师安排一名"师傅"，师徒搭档，相互促进，已经成为史家小学多年的优良传统。这种"一对一"的帮带方式，实现了新老教师间的互补，实现了经验和新思路的结合，也成为一种有效的合作模式。师徒常常共同做课题，亲密无间的合作往往效率很高。

3. 教师群

随着信息时代的到来，教师交流分享的方式越来越多，各种各样的教师群就是其中一种。教师群形式多样，可以是 QQ 群、飞信群、微博群等等。教师因为共同的志趣和目标而聚在一起，如英语教师群、行动研究群、新课程改革群等等。这种群的范围可大可小，既可以是校内范围的，也可能是全国范围内的。

4. 互相听课

史家教师常常互相听课、评课、说课。说课是教师在备课的基础上，面对同行或专家、领导，口头阐述自己课堂教学方案，并与听众共同研讨改进和优化教学方案的教学研究过程。在史家小学，有时候也会在一群教师听完某位教师讲课之后，立即开一个小的评课会，对于课堂的优点和缺点，教师们各抒己见，为讲课教师出谋划策。互相听课的方式灵活简单，方便组织。教师的评价往往能够给讲课教师带来很多的启发和反思。

5. 同伴随时交流

除了以上那些有组织的沟通交流方式，教师之间随时随地地交流也是非常普遍的。因为教师们做研究常常是围绕同一个主题，大家都在积极地思考着，灵感随时闪现，与同伴交流想法的需求也不定时地出现。整体上看，史家教师做科研时形成了一个场。在这个场里面，大家有着共同的目标——通过科研改善教学和教好学生。在这个场里面，大家都保持一种积极反思的状态，因为每个人都从科研中感受到了自己的进步。在这个场里面，教师间是紧密联系的，沟通分享是一件自然而然的事情，大家都愿意为共同的目标互相帮助，贡献自己的智慧。

第2节　年级研修

年级研修指的是研究的范围可能只限于一个年级，或者涵盖了几个特定的年级。之所以会形成年级研修，原因是多方面的。

首先，不同主题的课题研究，涉及的对象可能有一定的范围和限制。以《小学低年级解决问题教学中"画图策略"的实践研究》为例。"画图策略"是用画图的方式解读题意，"画图策略"可以化难为易、变抽象为直观，这对刚入学不久、知识积累有限的低年级的学生来说十分必要，而对高年级学生来说，他们的知识积累更多，对"画图策略"这种方式的需求就相对较少，因此，数学组的教师们选择了首先限于在低年级学生中开展这方面的研究。

其次，不同教师的课题研究，涵盖的对象范围不同。虽然史家小学的教师们常常合作开展科研，但是教师们还是会从自己的能力水平、研究的可操作性、研究效率等方面考虑，选择决定自己研究所涉及的年级。例如，在《构建三年级学生"数独游戏"校本课程的行动研究》中，韩巧玲老师选择了自己所带的三年级学生为研究对象，主要是北京市骨干教师成长研修项目持续的时间有限，教师要在有限的时间内边学边做，有一定的挑战性，而韩老师最熟悉三年级学生的情况，从可行性和效率等方面考虑，选择在三年级开展这项研究都是最适合的。

课题涵盖对象的大小并不是决定课题优秀与否的唯一因素。史家小学也有很多"小而精"的课题研究，其中李红卫老师的《通过"绿色奥运"研究培养小学生综合实践能力的行动研究》就是最佳代表。这个课题是最先由普通教师承担的两个课题研究的其中之一，李红卫老师从实际情况出发，决定在自己所带的班级开展研究，在师生的共同努力下，绿色奥运课题得到了学生家长的充分支持，孩子们将环保的理念宣传到了超市，得到多家媒体的关注，形成了很大的社会反响。

第3节 学科研修

学科研修指的是同学科的教师们组成团队，合作开展研究。史家小学鼓励各个学科根据学科特点和学科实际教学过程中遇到的问题、难题，采用丰富多彩的方式进行学科内的共同学习、讨论、分享、实践和创新。史家小学各个学科的教师利用学校提供的平台开展了各式各样的研究活动，根据研究成果构建了精彩的校本课程，形成了许多理论和实践上的研究成果。

学科研修的目的是发挥学科特色，针对提高学生素质能力的发展，目的是解决学科教学过程中的问题，分享学科教学过程中的经验。史家小学在多年的校本科研实践过程中，取得了许多令人瞩目的成果。

各个学科组以及各学科的教师共同反思、合作，开展了各式科研活动，取得了许多有益的科研成果。例如，数学学科形成了《基于小学生数学学习需求进行数学设计的研究》《小学中高年级学生数学学习需求的调查与分析》《9的乘法口诀学生都会了，教师还怎么教？》《小学数学课堂教学中进行德育教育的探索》等研究成果。语文学科形成了《培养小学中年级学生课外阅读兴趣的行动研究》《让识字教学焕发生命活力》《简析新课标下语文课的变化》《多媒体技术在语文课堂合理运用举例》《小学语文实验版（人教）教材使用的调查报告》等成果。英语学科形成了《阅读指导策略对小学高年级英语水平提高的实验研究》《给学生创设舞台般的课堂，让孩子们做真正的舞者》《Let's talk about the past》等成果。

此外，在活动资源平台方面，史家小学建立了"史家书院""史家青少年健康人格教育基地""史家传媒""史家校本课程资源中心"和"史家科技馆"五大活动资源平台。这些平台都是教师在校本科研的基础上实施的专业领域的实践。这些资源平台为史家小学的孩子在文化传承、习惯养成、交流表达、视野开拓、创新创造五个方面得到了最为有效的锻炼和提升。

第4节　跨科协作

跨科协作在史家小学教师参与科研中十分普遍。学校鼓励不同学科的教师加强合作，综合各科特点和优势，形成强大的合力，共同进行科研，解决教育教学中的问题，或者进行开拓性的探索。教师跨科协作的方式是多种多样的。

首先，有的研究主题涉及的范围广，学科特征不明显，研究时可能需要多科教师通力合作。例如卓立校长有关实施和谐教育的课题，就充分动员了全校教师，从多个角度、多种思维、多种视角去看待和分析问题，碰撞出了多样化的思想火花。

其次，很多课题在实施的过程中，都可能会涉及其他学科方面的知识，这时候就需要各科教师通力合作。例如在开展学生学习需求调研的过程中，数学教师就向语文教师、美术教师求助，请他们帮助孩子们用多种形式表达他们的需求,最后孩子们用文字、用一幅幅生动的图画,个性化地表达出了他们内心的想法、愿望和需求。

最后,有的学科虽然各成体系,但是如果搭配在一起,能够形成 1+1>2 的效果,这时两科或者多科的教师们常常会主动合作。例如,学校的科技学科一直很有特色,但是学生如果要出成果,势必要接触到用文字、语言来描述和表达自己的成果,这时就涉及语文学科的专业领域了。因此,在 2010 年北京市骨干教师成长研修项目中,语文教师陈高就提出与科技学科合作,并形成论文《关于指导小学高年级学生科技小论文的写作》。

在史家小学,和谐教育的理念深深植根在每一位教师的心中,学科间教师的协作十分普遍,可以说这种合作是自然而然的,合作形式也是自发的、多样的。教师们也在跨科协作的过程中,有了更多的体会和收获,学校的科研水平也在这种协作的氛围中逐渐成长壮大。

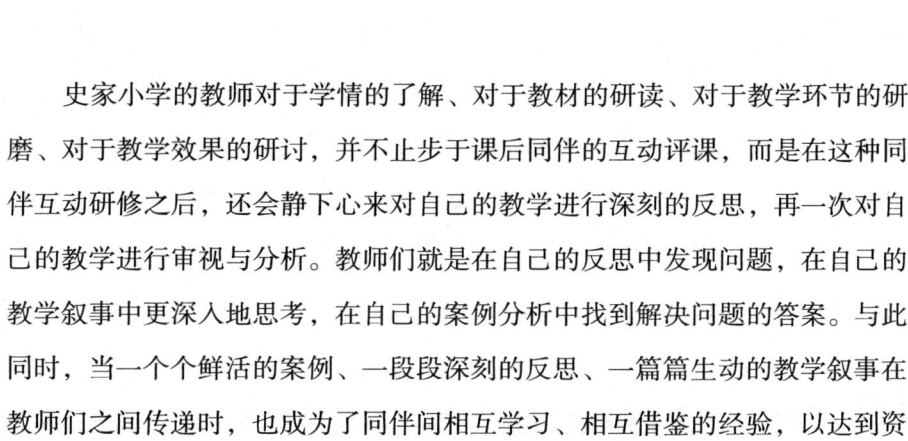

第11章
思辨提升

　　史家小学的教师对于学情的了解、对于教材的研读、对于教学环节的研磨、对于教学效果的研讨，并不止步于课后同伴的互动评课，而是在这种同伴互动研修之后，还会静下心来对自己的教学进行深刻的反思，再一次对自己的教学进行审视与分析。教师们就是在自己的反思中发现问题，在自己的教学叙事中更深入地思考，在自己的案例分析中找到解决问题的答案。与此同时，当一个个鲜活的案例、一段段深刻的反思、一篇篇生动的教学叙事在教师们之间传递时，也成为了同伴间相互学习、相互借鉴的经验，以达到资源共享，这种资源是最直接、最真实，也是最为宝贵的。

　　教学案例、个人反思、教学叙事、科研论文组成了史家小学教师进行思辨提升的4个最主要的方法。这4个方法可以是独立的，也可以是息息相关、环环相扣的。从案例分析到科研论文，对于史家小学教师科研规范性、科学性的要求越来越高，但科研论文的实现往往来源于大量的、深入的个人反思，基于广泛积累的、最为真实的教学叙事和案例分析。

第1节　教学案例

案例研究是当前国内外课程改革背景下广大教师较为普遍的一种教育研究方法，是教师行为研究的方法之一。在每一位教师的日常工作中，都有大量的"故事"在发生，这些故事蕴含着丰富的教育智慧。史家小学的教师们将记录作为习惯，常常将这些"故事"用案例的方式记录下来。这些教学案例往往先记叙一个教学故事，然后加上教师的一些感受和评论以记录和叙述为主的思辨形式。教学案例能够为教师进一步的反思、研究提供素材。史家小学的教师们有的对案例进行了深入的分析，得出了独立的结论；有的由此引发了深入的思考，提出了可进一步深入研究的问题。教师进行教学案例研究，是教师不断反思、改进自己教学的一种方法，也是与同行之间分享经验、加强沟通的有效方式，有利于提高评课等教研活动的水平和实效。

史家小学的教师们在教育教学的过程中积累了大量的案例，例如数学老师刘斐就将一次布置开放式的作业的教学经历以案例的形式记录了下来，以叙述为主，让读者从教师的经历和感受中，体会这种教育教学方式的独特效果，也为进一步的反思提供了灵感（见案例11.1）。

案例11.1　一次开放式作业引起的思考 / 刘　斐

在学习《年、月、日》这个内容时，我没有像以往那样给学生布置传统的填空、选择、计算等作业，而是给学生留了这样一项任务："每人亲自制作一张2008年的日历，可用电脑制作。"这是我第一次布置这样的开放性、实践性、用现代化教学媒体参与教学活动的作业，说心里话，我心里一点底都没有。但是为了使学生在巩固基础知识的同时，充分展开思维的翅膀，调动学生思维的积极性与主动性，广泛借助多媒体为学生提供更多的练习素材,更多表现自己能力与成就的机会,同时,也为教师提供及时获得学生准确、真实的学习成效和学习态度及反馈信息的方法和途径,我觉得这样的尝试是十分有必要的。只是有些担心:他们只学了一节课的年、月、日的知识,以他们现有的能力,会怎样完成这项作业呢?三天后,我组织了学生进行了交流、汇报和展示。真没想到,学生们精彩的作业真让我震惊!

一个同学边翻动自己的日历边对着大家得意地说:"我是用电脑打印的。我的日历共分12张,每个月一张,我把所有的周六都设成蓝色,把所有的周日都设成红色,这是我最喜欢的颜色。我还上网查到了有关我们中国农历的知识,把2008年的农历也写进了我的日历。我还知道明年哪天是春节,哪天是惊蛰、春分、夏至、立秋、小雪、大雪……"这是多么富有生活情趣的发现呀!而农历的知识远远超出了课堂上年、月、日的知识,如果孩子们能坚持这样的自主探索、勤于发现,一定会发现更多的数学知识,也一定会更加喜爱学数学!

另一个同学拿着自己的日历骄傲地向大家说:"我的日历也分为12张,是我在电脑上亲自设计的。我把我们全家人所有的生日和一年中所有的节假日都写在上面,还用了不同颜色区分,如:元旦、春节、三八节、母亲节、父亲节、五一劳动节、植树节、教师节、十一国庆节、圣诞节……都用的是红色的,这样更区别其他普通的日子。通过这次作业,我不但知道了爸爸妈妈的生日,还知道了我爸爸是1971年出生的,今年37岁了,妈妈是1972年出生的,今年36岁了。"这是多么令我惊喜呀!这不就是我们《年、月、日》这个单元需要掌握的知识吗?而孩子们却在现实情境中很好地掌握了,从而使学生体会到数学与我们的生活密不可分,感悟到学好数学的作用与价值,还给了学生了解家长、与家长沟通的机会。

其中一个同学的发言也给大家留下了深刻的印象,她说:"我的日历跟他们的都不一样。我的2008年的日历是双语的,12个月有不同的英文单词,从星期一到星期日也有不同的英文单词。"说着说着,她大声地给大家读了起来，会读这些单词的同学也情不自禁地跟她读了起来。我和同学们为她鼓起掌来，她真了不起，居然把数学和其他学科联系起来，太出乎我的意料了！这节课还在继续，精美而富有个性的作品展示和精彩的发言一次次让人欢欣鼓舞……

欣赏完最后一位同学的作品，我情不自禁地对学生们说："同学们，你们的这次作业完成得太令我震惊了！我真没想到你们这么棒！虽然你们只有三年级，但是你们做出了许多大人都做不了的事情，你们的作品完全可以打印成册，走向市场。你们看，学好数学，用好数学对我们多么重要呀！让我们的生活中因为有了数学而变得更加精彩吧！如果你们还要进一步展示，还可以发送到教师的邮箱里，可以增加动画效果，让大家都来欣赏，好不好？""好！"同学们欢呼了起来。

这节课结束了，可我的心却久久不能平静，是高兴，是欣慰，更是对自己教学的反思。孩子们精彩的作业告诉了我，他们对这样的作业是多么的感兴趣，他们是多么的有能力。假如我没留这次多媒体参与教学的开放性的作业，仍旧是做书上的习题，一年有（ ）个月，（ ）是大月，（ ）是小月，闰年二月（ ）天等等，学生也可以学会，但是怎能体现学生是学习的主体，主动权怎么在学生的手里，他们又怎能体验到生活离不开数学呢！这次作业受益的不仅仅是学生，更是我自己。使我更加相信孩子们的聪明智慧，博学多才，及掌握现代化教学媒体熟练的技能，也使我深深地意识到多种教学媒体参与的作业学生更感兴趣，而我却在以前很少给他们这样的机会施展自己的才华和大胆表现自己的个性。学生们在完成这次作业时，大胆探索，勇敢创新，不惜花费大量的时间和精力上网查阅各种资料，精心设计版面，有了学习的兴趣，学习活动对他们来说就不再是一种负担，而是一种享受，一种愉悦的体验，有兴趣的学习才能事半功倍。

新课程强调："学生的数学学习内容应当是现实的，有意义的，富有挑战性的，有效的数学学习活动不能单纯地依赖模仿与记忆，动手实践、自主探索也是学习数学的重要方式,由于学生所处的文化环境、家庭背景和自身思维方式的不同,学生的数学学习活动是一个生动、活泼、主动和富有个性的过程。"这一理念不仅强调了学生学习方式的转变,而且强调了学习和发展的主体是学生,学生在课程与教学中的主体地位得到了真正的确认和尊重。在教学中,教师要根据学生的特点,抓住最佳时机,激发学生的学习兴趣,充分发挥学生的学习主动性、积极性和创造性。切实地让学生的主体性得到体现,鼓励学生在实际生活中大胆地实践应用所学的数学知识,有机会感悟数学价值,从而更加热爱学数学!

第2节 个人反思

个人反思可能由一件事、一个举动、一句话或者一个观点引发,内容以教师自身的思考为主。史家小学的校本科研体系使得每一个教师逐渐地具备了反思的意识和习惯。教师们时刻反省自己的教学行为,在教育教学的点点滴滴中,敏锐地发现存在于学生、教育教学和学校发展中的问题及需求,勤勤恳恳地就这些问题进行踏踏实实的思考,并用文字把自己的感受、想法记录下来。史家小学教师的个人反思是每位教师的"日常科研工作",教师每天都在积累着自己的教育教学经验,提升着自己的教育教学能力,改进着自己的教育教学方法。个人反思得多了,好的科研课题自然而然便能够在脑海中呈现,这也是史家小学科研课题不断被凝练出来的最基础的保证。陈庆红老师就在理解"短板理论"的过程中,将个人的思考与教学实践相结合,用"短板理论"反思自己的"知识结构",形成了一篇见解深刻的个人反思(见案例11.2)。

案例11.2 运用"短板理论"考量自身的"知识结构" / 陈庆红

上师范的时候,我的老师就经常用一句话教育我们:"教师要给学生一杯水,自己要有一桶水。"现如今,我已然是一个教龄20年的教师了,这句话还在说。但是,时代赋予了它新的内容。人们开始思考教师的"知识之桶"里,"到底装着多少水?又还能加入多少水?""'一只桶的装水量,取决于最差、最短的那块桶板',这个古老的'短板理论'正好可以用来说明教师的'知识结构'对于教育的重要性。"

静下心来,反思自己的教学之路,检修自己的"桶板"的时候,总会有新的发现。记得我在课堂教学中引入文字学的内容,帮助学生理解"王字旁"又被称为"斜玉旁"的原因之一时,说过一句话:大多数带有这种偏旁的字的意思都和"玉"有关。当时,我的话音刚落,四年级的小韩同学就提出质疑:"那翡翠也是玉,为什么'翠'字就没有斜玉旁呢?"对呀,当初备课的时候我怎么没有想到这个问题呢?

愣了一下之后,我答道:"我刚才说大多数,没有说全都如此,说明还有例外。"

但是,我心里明白这样的解释并不能使他满意。不过,我也庆幸自己反应还算快,起码赢得了利用学生书写练习的时间进一步查资料的机会。

后来,我特意挤出课堂几分钟,把查到的有关资料念给学生们听。通过对资料的筛选、分析,我们最终共同得出结论:"翡"指一种有红毛的鸟,"翠"指青绿色,"翡翠"则是一种含有钠和铝的硅酸盐矿物,多呈现绿色或蓝绿色。另指一种生活在水边,嘴长而直,吃昆虫、鱼虾,且飞得很快的鸟。二者的颜色极其相近。因此,从这一点可以看出,这两个字均是我们的祖先为矿物和鸟而造，而非为"玉"而造的，这样的授课最终得到了学生的认可。

"现代社会对教师的要求越来越高，以前的教师是知识传授型的，这是在教师拥有比学生更多的知识的前提下才有的情况。"现在随着计算机网络广泛进入学校和家庭，获取知识的渠道增多了，并且这种渠道是学生更乐于又易于接受的。因此，教师已不是更多知识的拥有者了，不可能成为一个纯粹的知识传授者了。"教师必由'单功能'的传授专业知识型向'多功能'的创新型过渡。"这也就表明了"他必须具有'专业化'教师的'知识结构'才能胜任教师之职"。

从知识结构的"本体性知识、条件性知识、实践性知识和文化知识"四个方面来反思上述事例，终于发现自己的"桶板"还是有长短之分的。稍长的"板"是条件性知识（教育学、心理学知识）和实践性知识（积累的教学经验）的运用。原本由我的一句导语，引发了一场"意外"的课堂讨论是我没有料想到的。我并没有摆出师道尊严来压制学生，而是注意倾听了学生的质疑。在无法做出准确解释之际，积极查找资料，"蹲"下身子和学生一起寻找合理的答案。这样做既保护了学生的学习热情，又拉近了我和学生之间的距离。对于自己的处理方式，我还是比较满意的。我从学生的争论中感受到了自己多年来把汉字起源的内容引入课堂的课改成效。这样做不仅丰富了学生知识，激发了其学习兴趣，也拓宽了孩子们的思路，调动了他们的研究热情，才会有精彩的课堂提问。我感到很欣慰！

然而，通过这个事例也使我进一步认识到本体性知识（学科专业知识）和文化知识（知识面）这两块"桶板"稍短。如果从"短板理论"来看，这就是决定着自己的"知识之桶"能否保持高水位的关键。一个教师要想做到在课堂上面对学生的质疑对答如流，就需要不断加强阅读，才能够使本体性知识更加系统、扎实，文化知识更为广博、厚实。只有这样，才能够将自己的"知识结构"整合到最优化，"'知识之桶'才能'盛得住''最多'的'水'"。

第3节　教学叙事

教学叙事往往夹叙夹议，核心是"议"。教学叙事包含教学案例，而且往往不止一个，但是这些案例都是为教学叙事的目的和主题服务的。每篇教学叙事都有一个核心的议题，教师会根据议论的需要选择案例。教学叙事也涵盖大量的个人反思，但是反思是建立在教学案例的基础上，是基于教育教学经验的反思。

教学叙事是史家小学的教师们经常采用的一种方式，教师们用事实说话，但又力图在实践经验中总结出一定的规律，也试图在剖析原因的基础上尝试各种解决问题的新方法，并监测结果、不断调整。教师们将平凡的课堂事件串联起来，用智慧加以剖析和思考，成为史家小学和谐教育的一份宝贵资源。

吕闽松老师就围绕"个性化阅读的培养"这个核心议题，在一系列的教学事件中不断反思、不断尝试新方法，最终找到了改进的措施，也为进一步的研究做了铺垫（见案例11.3）。

案例11.3　个性化阅读的培养／吕闽松

我认为高年级的学生已经具有了感受、理解、欣赏和评价的能力，我希望在阅读教学的课堂上学生有个性化的表现。为此我从假期备课就开始寻找适合培养个性化阅读的时机。可是真正做起来，事情并不像想象的那么简单。

我在备课《海上日出》这篇课文时，心里充满了期盼。因为我在检查学生假期里的作文的时候，发现班上有个学生写了一篇非常有意思的《青岛观日出》，如果这个学生能在学习课文的时候边说边结合她的海边观日出写几句话该多好呀。另外班上还有三位学生是学校朗诵组的主力队员，他们要是能有语气有感情地把课文读出来，也能带动其他同学。再加上平日里学生习惯用的边学边圈画重点词语去体会学习的方法，这可就有三种阅读学习的形式了。

"铃——"上课了。"我们下面学习'有云时和有黑云时'这段话，用你们喜欢的方式自己学习课文。"我的话音刚落，将近50名学生齐刷刷地拿起了笔，边默读边画圈。自学完成之后紧接着该汇报了，谁想到，学生这时说得比画得还整齐，好像第一个起来发言的学生给定了调一样，后面好几个学生，回答得几乎像一个模子刻出来似的。看到学生的表现我真的有些着急了，但是为了不伤害学生学习的积极性，我在努力控制着自己，没有把失望的情绪表现出来。

下课了，我问听课的教研员唐老师："这是为什么呀？我已经给了学生选择学习方式的空间了呀，他们为什么不选呀？"教研员老师安慰我说："你能不能先从说入手，先用各种方法调动学生发言的积极性呢？"

不久到了学习《人有亡鈇者》这课了，这是一篇寓言故事，课后有谈体会的练习题。在谈体会时，全班将近50名学生只写出了两种答案：一是随便怀疑人是不好的；二是我们不能像丢斧子的人那样去怀疑别人。我将全班学生的体会放到了实物投影下，让学生默读所有的答案。默读后我问："除了这些话之外，你们现在还想说点什么吗？""老师说什么都行吗？""对！但要和这篇课文有关系，从哪一个角度考虑都可以。"课堂上沉默了一会儿，有人开始发言了。"有时候被怀疑是很痛苦的，我就被别人怀疑过，那种滋味很难受。从那以后我不再随便怀疑他人了。"我及时鼓励："说得多好呀，结合了自己的感受，还以善良之心说出了以后怎么做，你是一个心胸开朗的人。谁还想说说？""有时候丢东西是自己不小心弄的，一定要好好想想自己都到哪里去过，再回去找找，说不定就可以找到。"我肯定了他的想法："你真好，会替丢斧子的人想办法，你平时一定是这样做的！"我或赞叹，或补充，或肯定，或拓展，让学生很尽兴地表达了自己的观点。

下课后，学生围住了我。"老师，下次课还可以这么说吗？""那当然了！""真好。""以前的课你们为什么不这样说呢？""怕不对。""老师不让这样说。""我可没有哟。""不是您。""再说只有说出来才能知道对不对，不说出来怎么能知道对不对呢？""以前我们习惯猜怎么说才能说得对，然后觉得对了才说，怕说错了挨批。"啊，我明白了，学生们是敏感的，教师不经意间的点滴话语，细微的动作，都有可能伤害到学生们的自尊心。教师要想让课堂呈现百花齐放百家争鸣的态势，就要为百花创设齐放的条件，为百家搭建争鸣的平台。

有了这次的经历后，我打算为学生们创设更加宽松的学习环境，让学生敢说、爱说、会说。我向教研员唐老师请教："以前学生们不会选择自己喜欢的方式阅读，会不会是因为学生就不知道还有其他的方式呢？"她告诉我："学生不知道没有关系，我们可以一种一种地告诉他们，让他们自己去试一试，喜欢哪种就用哪种好了。比如可以用画画来传递自己对语言材料的感悟，还可以用表演来生动地演绎文本，还可以有感情地朗读课文，还可以通过批注，用自己的笔写自己的感悟，写自己的理解等等。"

经过了一段时间的尝试，到了学习《鸟的天堂》这一课时，我想这篇课文既可以让学生画重点词语，也可以通过朗读来表达，还可以在课文旁边写出体会。再说我已经训练了一段时间了，上好这节课应该不成问题。

上课了，为了帮助学生们选择学习方法，我特意给学生们出示了"自学提示"：你可以选择：① 可以边读边圈画重点词语；② 可以通过朗读，把你体会的意思读出来；③ 可以在旁边做批注。学生们边自学，我边在课桌行间巡视，但发现班里没有一个动笔写的，大家都在默默地读书。我也感到奇怪，还安慰自己：可能这篇课文大家都喜欢读吧。自学完了，学生们进行汇报的时候却没有出现我所期望的场面，我可是向高人取过经的呀！学生们不光不举手，有的甚至连我都不看。教了 N 多遍超级喜欢《鸟的天堂》的我，第一次在冷冷清清中上完了这节课，第一次教《鸟的天堂》被自己的学生给晾了。刚一下课，一个乖巧的女孩小心地问我:"您生气了?""我没有,我只是不明白为什么这么冷清。""老师我想先说说,再读读,可是您的自学提纲里面没有呀。"这是什么问题呀,难道学生们都是这样想的?问了几个学生,还真是这样想的,他们都不止喜欢一种方法,而是愿意用几种方法综合一下。我没有想到这点,自学提纲就限制了学生的学习。看来,要使阅读形式多样化,实现学生个性化的体验和表达,就应该从学习主题的内在需求出发设计教学,就要让学生的学习真正实现自主。只有这样才能使阅读成为赏心悦目的享受,成为学生自我表现的舞台。

个性化阅读方式的培养是需要过程的,同时需要有一个放松的环境。而学生喜欢的方式到底有哪些,可以怎样展示,还需要进一步研究。

第4节 科研论文

论文是指用来进行科学研究和描述科研成果的文章,一般要求具有科学的逻辑、规范的格式和合理的论证。相比教学案例、个人反思和教学叙事,科研论文的篇幅更长、内容更多,不仅仅包括教师的实践经历和个人思考,还要求充分借鉴已有的研究,力求在现有的研究成果之上谋求新的突破。史家小学开展校本科研活动的目标之一是培养出一批研究型和反思型教师,科学论文作为研究的最终成果,是教师科研能力的重要体现。这种成果不仅可以在史家小学内传播、分享,更可以在更广泛领域内被认可和交流,可以与教育界的其他同行一起进行更为深入的研究和讨论。在史家小学,每一位教师都有着丰富的论文成果。陈凤伟副校长就和杨敬之、景立新两位老师一起研究了"让儿童更好地学习'20以内数的认识的方法'"和"体育课过程中教师语言评价的作用",采用了多种科学的研究方法,并按照提出问题、分析问题和解决问题的思路,将整个研究呈现了出来,完成了两篇优质的科研论文。

案例11.4 儿童怎样学习"20以内数的认识" / 陈凤伟　杨敬芝　景立新

本文由学生在"数与计算"中的问题，引发思考，调研问题背后的原因，聚焦到"20以内数的认识"，提出研究的问题：①儿童在数数和算数的起始阶段都要借助"手"作为计数器，如何帮助儿童从"数手指""掰手指"过渡到抽象的计数和计算呢？②要保证学生随时能从"记忆库"中输出准确的信息，就必须找到与他们认知规律和数学学科体系相一致的路线图，即学生是怎样学习"20以内数的认识"的？③依据《国家数学课程标准》编写的实验版教材，在内容的选择、呈现的方式、模型的建立上是否真正符合学生的认知发展规律？

经过文献分析、问卷调研、观察记录、访谈、案例分析等方法，对提出的问题进行了研究。以研究的初步结论为依据，描绘出儿童学习"20以内数的认识"的路线图，并提供具体的、典型的范例和教学建议，对"路线图"加以说明和解释。

一、问题的提出

（一）案例简述

案例一：5+8=？　5+7=？

为什么1~6年级学生都会出现同样的错误"12"和"13"？而且这种错误带有固定的循环性。学生的解释是：没算就直接写出来了！

580+300算成58+3=61，仅仅是疏忽了数末尾的"0"吗？

案例二：12名幼儿园大班的儿童，都能拿对"5块橡皮"，但有6人没有拿对指定的"第5块橡皮"，拿对的6人中，只有1人能说清楚"第5块"和"5块"是不一样的。

还是这12名儿童面对"散放"的16颗珠子，要求"看着数"，结果 4 人正确，8 人数错了。改变要求为"动手点数"时，结果 10 人正确，2 人数错。

案例三：计算 8+4，12 名儿童中 2 名"数手指"算，5 名"掰手指"算，还有 5 名能流利地说出"凑十法"的计算过程。

（二）引发思考

儿童在数数和算数的起始阶段都要借助"手"作为计数器，这种司空见惯的现象有没有更深层次的原因？如何帮助儿童从"数手指""摆手指"过渡到抽象的计数和计算呢？

儿童"基数"的经验多于"序数"。怎样利用学生已有的"序数"经验，挖掘教材中存在的"序数"因素，寻找生活中的"序数"情景，促进学生的理解和掌握？

（三）提出问题

问题一：儿童在数数和算数的起始阶段都要借助"手"作为计数器，如何帮助儿童从"数手指""掰手指"过渡到抽象的计数和计算呢？

问题二：要提高学生从"记忆库"中输出信息的准确性，就要找到与他们认知规律和数学学科体系相一致的"路线图"，即学生是怎样学习"20 以内数的认识"的？

问题三：依据《国家数学课程标准》编写的实验版教材，在内容的选择、呈现的方式、模型的建立上是否真正符合学生的认知发展规律？

二、研究的方法和结果

（一）理论研究的结果

1. 数学发展史的启示

（1）人们认为数学史的发展过程就是学生学习的过程，数学史上的难关都是学生学习的难关。

首先研究数的发展史，从《周髀》一书和对甲骨文的考古中得到了上面观点的证据，即数的发展过程也是儿童认识数的必然过程。儿童"数手指""掰手指"的计数和计算策略，恰好是遵循了自然和人的本能。如何合理、有效地引导儿童由自然、直观的手指策略，向高层次的、抽象的手指策略过渡呢？

（2）"十进位值制计数法"是数学发展史的基础和重大突破。

这一点不仅在新石器时代的彩陶和半坡文化中有据可考，而且中国古代对圆周率的计算比欧洲早了1000多年，也是证据之一。所以在儿童的学习"路线图"中，要选择形象、直观、贴近他们生活的模型，帮助他们理解"十进位值制计数法"。

2. 数学教育理论的启示

"模型"在小学"20以内数的认识"的教学中，有着广泛的运用。对"模型"与儿童数学认知发展有深入研究的，当推 J.Piaget 和 Z.Dienes 等。他们强调儿童数学推理的整体结构，提出了一系列利用模型，帮助学生从"具体—抽象"的概念发展过程。

（1）学习过程就是儿童主动构建认知结构的过程。数学模型是儿童数学学习的工具。那么在儿童"20以内数的认识"的学习路线图中，要广泛运用各种模型，给学生创设能够操作"模型"的情境活动，活动情境的核心就应该是"模型"的选择与呈现。

（2）借助豪敦对数感的描述，获得了"数数的程序"是关键概念化思想的启发。所以"数数的程序"要纳入"20以内数的认识"学习路线图，要重视它背后的深层次意义，即作为与数有关的数学思想的发展基础。特别数感、符号感等数学思想和能力的培养，也是以"数数的程序"为基础的。

3. 心理学研究的启示

儿童数学学习是以直观行动思维、具体形象思维为主，并与抽象逻辑思维相互促进的过程。林崇德在《关于儿童数概念和运算能力发展的研究》中得出：7~8岁儿童的概括水平和幼儿的概括水平差不多，属于形象直观的概括水平。

"20 以内数的认识"是面对 6~7 岁儿童的学习,他们的概括水平与学前儿童的差异不大,所以在学习中就应该依据"形象直观"的特性,来引导他们建立数的概念。

4.《国家数学课程标准》与教材的启示

《国家数学课程标准》中对"数的认识"的具体目标是:通过观察、操作、解决问题等丰富的活动,感受数的意义,体会用数来表达和交流,初步建立"数感"。重视口算,加强估算,提倡算法多样化。

依据《国家数学课程标准》编写的现行教材,对"20 以内数的认识"的编写思路是:先集中认识 1~5 各数,之后单独安排学习第几、几和几、加减法。在学习 6~10 的认识和加减法时,把 6、7、8、9 合在一起认识,10 单独认识。蕴含了位置值的思想。把 20 以内进位加法放在一年级上册,退位减法放在一年级下册。

(二) 实际调研和结果

1. 对学前儿童的访谈结果

某幼儿园,从两个大班随意选择了 12 位小朋友。进行一对一的测试和访谈。

(1) 测试和访谈的题目如下。

数物体的个数:数一数一共有多少个珠子?第一次用眼睛看着数,不要动手;第二次可以动手点数。

数数:从 1 数到 20。29 后面是几?39 前面的数是几?后面的数是几?

基数和序数:按顺序数一数有几块橡皮?从左边数起,拿出 5 块。从左边数起,拿出第 5 块。"5 块"和"第 5 块"的意思一样吗?

位置值的理解:读出卡片上的数:11、14、22、45,在计数器上表示出来。14 中的 1 和 4 分别表示多少?22 中的两个 2 一样吗?分别表示多少?

计算:20 以内加减法:4+3=?　9+7=?　8+7=?　9-6=?　12-8=?

（2）测试和访谈的结果，见表11.1。

表11.1　　　　　　　学前儿童测试和访谈的结果

访谈内容	结果分类		百分比（%）
数物体的个数	看着数：有4人数对		33
	点数：10人数对，其余2人数了2次也没有数对		83
抽象数	数数：12人都能从1数到20		100
	拐弯数：有10人知道		83
基数和序数	基数：12人数对，并都能说出表示的意义		100
	序数	按要求取：12人取对"5块"，6人会取"第5块"	50
		意义：1人知道"5块"和"第5块"表示的意思不一样	8
位置值	表示数：11人会在计数器上表示数，1人不会		91
	位置值：只有1人理解		8
计算	数手指：2人		17
	摆手指：5人		41
	凑十法：5人会说"凑十法"的过程		41

（3）对测试和访谈结果的分析如下。

第一，从数物体的个数看学前儿童已经具备了初步的数概念。

从12名儿童"数数"的过程中发现，一类是按物"点数"，一类是"群数"。表明儿童在入学前，大多数已经学会了简单的数数，有了初步的数概念，但"群数"计数的能力还比较弱。

第二，从基数和序数看学前儿童数概念的经验积累有差异。

儿童对于基数的经验积累比较丰富，不仅能数对橡皮的块数，当问到"5能表示什么"的时候，他们都用基数的意义来回答，如：5块橡皮、5个小朋友等，没有人用序数的意义来说明。看来需要在学习中提供丰富的"序数"资源，让儿童充分感知。

第三，从计算看学前儿童"数概念"的理解程度有差异。

在计算20以内加减法时，7名用手指算的儿童"点数"和"摆数"

的水平是不一样的,"摆数"的儿童脑海中已经形成了与某个加数对应的手指图式,如 5 对应一只手的 5 指,7 对应一只手的 5 指和另一只手的 2 指,而不需要借助逐一点数来得出与加数对应的手指个数。在这里也不排除个别儿童是从记忆中直接提取答案的。

2. 小学生计算错误的归因分析

对学前儿童需要了解他们知道了什么,那么对于"学后儿童"就需要了解他们知道的怎么样。为此,对学后儿童进行了计算错误的归因分析。

调研的对象:学校 1~5 年级的学生。

调研的时间:一学年的期末考试结束后。

调研的问题:期末考试试卷中的计算错题。

调研的方式:选择试卷中出现的错例,与出现错误的学生本人逐一访谈。

调研的结果如表 11.2。

表 11.2　　　　　　　　小学生计算错误的归因分析

错例	学生的阐述	错误归因
一年级: 68−30=32	把30中的0看成10,10减68个位上的8,68中十位上的6再去减30十位上的3,最后就得32了	机械使用"破十法",没有理解减法的意义
一年级: 55+7=63 35 + 7 + 6 = 49 　└─┘ 　 43	把5+7算成13了,应该得12 计算35 + 7时,个位5 + 7 = 12,想成了5 + 7 = 13,与5 + 8 = 13混了	凭记忆和感觉直接来提取答案。记忆的偏差集中在7加几、6加几、8加几,特别是5+8和5+7尤为易错
二年级: 380+290=570	3+2=5,8+9=17,0+0=0,所以380+290=570	受不进位加法可以从十位算起的影响,从百位开始计算了。说明"数感""位值制"的感悟需要继续培养
三年级: 4.3−1.7=3.6	十分位13−7=6,个位直接4−1了,就得3.6	"十分位"上不够减向个位借1,但是"个位"上没退位。说明学生对"十进位为位值制"的理解和运用还比较模糊

续表

错例	学生的阐述	错误归因
三年级： 估算 40×72=280	40×7=280	学生把72看成整数70，计算时提取的是40×7=280
五年级： 85.7+4.03−9.29 =89.73−9.29 =80.45	口算末位13−9想成5了	学生提取20以内退位减法的记忆出现错误

（1）找到了凭借记忆提取计算信息频繁出错的原因。

学生在考试时，注意力与平时比较要集中，态度也要认真。但从以上错题可以看到，与"20以内进位加退位减"相关的错误带有普遍性和共性。特别是"5+8"和"5+7"以及相应的减法最为集中。

皮亚杰的数学认识论曾指出：任何学习和任何记忆必须以某些早先存在的结构为基础形成。所以"学后儿童"对"计算的提取"错误必然与他们先前的学习结构有关，可以把原因定位在"20以内数的认识"的学习过程中。

（2）找到了退位减法比进位加法更易出错的原因之一。

学生的错误主要集中在20以内退位减法上，原因肯定是多方面的。但是前面谈到实验版教材将"20以内进位加和退位减"分在一年级上、下两册教材中。其主要目的是降低计算教学给新入学儿童带来的压力和难度。但从数学本身的联系上看，加法与减法有着密不可分的关系，"以加算减"是一种比较有效的方法。由于学习退位减法与进位加法相隔的时间长了，学生在学习的过程中要先提取记忆，然后在记忆的基础上进行新的学习，这样的结构不清晰不牢固，也是造成存储信息模糊，增大提取错误率的原因之一。

（3）明确了十进位位值制计数法是儿童计数和计算的基础。

从"错例"中可以看到，学生单纯用"算法"来解决计算，常常出现"错位加、错位减","不进位,忘退位"等错误。究其原因应该是对十进位位值制的理解、掌握和运用不到位。

所以,在"20以内数的认识"学习路线图中,要让儿童逐步理解十进位位值制计数系统是以"十"为基础的,同时理解计数单位。要重视数的组成,让儿童看到较大的数是通过合并较小的数而产生的,让儿童依靠数的"十进制"的基础结构,自己构造新的数。

三、对"20以内数的认识"路线图的描绘

通过上述研究,对"20以内数的认识"学习路线图进行了如下的描绘,见图11.1。

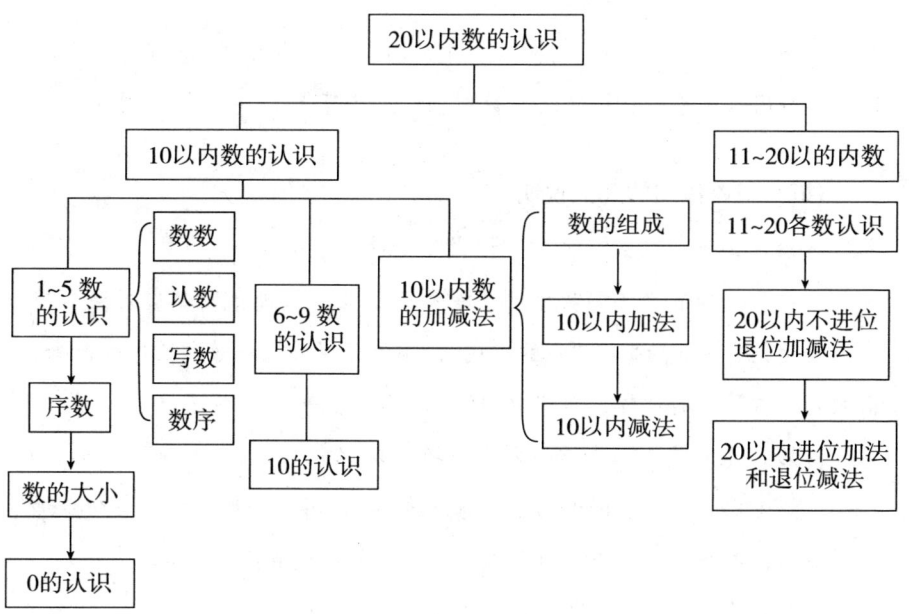

图11.1　学习路线图

(一)基本理念

儿童掌握"数概念"以具体形象概括为主要形式,逐步对"数概念"进行一些抽象概括,但不能脱离生活领域的基础。

103

（二）结构及说明

第一部分：10 以内数的认识（第一单元：1~5 的认识；第二单元：6~10 的认识；第三单元：10 以内数的加减法）。

第二部分：11~20 的认识（第四单元：11~20 各数认识和不进位加法、不退位减法；第五单元：20 以内进位加法和退位减法）。

（三）突出的数学思想

对应思想、集合思想、符号化思想、比较思想、位值制、计数单位、统计思想、同化思想等等。

（四）主要的数学模型

生活中的实物（实景）、图片、主题图、对应关系图、珠子图、点子图、学习用具（小棒、计数器、数位桶、尺子等等），手指计算器等。

（五）对路线图的几点说明

1. 为什么先"认数"再学"组成"和计算

华东师大的孔企平教授在《小学数学课堂学习理论及其应对课堂教学的启示》中指出，先学"数的组成"，不仅可以突出序数和数序的概念，而且是一种同化的过程，即把数的组成延伸下去就是加减法。

2. 为什么分为 1~5 和 6~9 两个阶段来认识数

一是考虑儿童已有的经验，二是先学 1~5，用概念形成的方法初步形成数概念，再用同化的方法来学习 6~9，利于培养学生的思维能力。

3. 为什么要单独学习 10

学生认数达到 10，即开始接触十进位位值制计数法，所以要突出"10 的认识"，即是"位置制"认识的开始，也是认识两位数和多位数的基础，更是加减法运算的基础。

4. 为什么突出序数的认识

序数对学生来说比基数要困难，放在 1~5 的后面，以基数的含义为基础，在丰富的现实背景和实际操作活动中，把学生的活动经验提升为"序数"概念。儿童能够清楚地区分第几和几个，也就有了"数感"的最初意识。

5. 为什么把 20 以内进位加法和退位减法放在一起

在学习进位加法的时候先采用直观形象的方法（情境图、集合图、操作学具等），过渡到从形象中进行抽象的方法（数位桶），最后达到进位加法的本质抽象（计算过程的图解）。儿童带着这样的经历来学习退位减法，会把已有的经验消化后再释放出来，即用同化的方法进行学习，有助于突破退位减法的难点，掌握进位加与退位减的互逆关系，深化对算理的理解。

四、本研究的应用——教学建议与教学片段设计

（一）教学建议

（1）遵循儿童的发展规律，加强实践操作活动，感受"数概念"的形成过程。

（2）遵循数学概念的结构体系，加强十进位位值制计数法的教学，为数概念的形成和算理的理解打下基础。

（3）遵循儿童获得概念的一般规律，加强加减法计算的理解，由形成向同化发展。

（二）教学活动设计举例：计数和计算——手指操

片段一：手指计数

第一阶段：认数。

左右手十个手指，可以从 1 计到 10。

第二阶段：表示数。

右手伸直食指表示 1，再伸直中指两根手指就表示 2，再伸直无名指

三根手指表示3，继续伸直小指四根手指表示4。把伸直的四根手指收回，伸直大拇指表示5。拇指和食指一起表示6，依次加上中指、无名指、小指表示7、8、9。

左手表示十位的数，方式和右手一样。

这样，用两只手可以表示出1~99。

片段二：手指计算

第一阶段：10以内加减法。

采用第一段手指计数的方法，计算10以内加减法。

第二阶段：20以内加减法。

采用第二阶段手指表示数的方法，计算20以内加减法。

如计算9+3，左手伸出5根手指表示9，右手伸出相应的三根手指表示3，看着手指想：3分成1和2，9和1凑10，还有2，就是12。

又如计算14-8，先按第二阶段手指表示数的方法表示出14，然后收回右手的4，把左手食指表示的1个10换成双手表示的"10个1"，再去掉4，就是剩下的6。

结束语

"20以内数的认识"只是小学数学知识体系中的一点，期望通过对这一点的研究获得启示，推广到更广的范围内继续探索。

综上所述，既然是儿童"20以内数的认识"学习路线图，就应该在他们的学习过程中进行实施和验证。由此必然会产生新的问题，需要不断的研究、探索、寻找，没有最适合，只有更适合，期待获得不断的发展。

案例11.5 **教师语言评价在体育课过程中时效性的研究** / 牛东芳

新一轮课改以后，把教学方式、教学实效性作为研究的主题，而教学评价是教育教学中的重要环节，是体现教育思想的一面镜子。体育教学评价是指根据学生从事体育教学的具体情况而对其学习进程、学习效果所做的一种评定，又包括对学习结果的评定，它为教学提供反馈意见和改进的依据，同时，它还具有很强的导向性，对学生学习动机、兴趣以及终身体育意识的培养、形成都会产生重要的影响。因此体育教学评价不仅对教学产生积极的影响，而且对提高学生体育教学的自觉积极性也有很大的促进作用，同时也是学校体育向素质教育转变的催化剂。适时适当的评价还可以提高学生练习的密度以及提高教学效率。然而，目前我们大多数学校的体育教学评价，不但不能起到如此的效果，甚至还有很强的负效应，在很多方面还存在着弊端。从而造成学生喜欢体育活动但不喜欢上体育课的尴尬局面，使学校体育与健康课程目标难以实现。

一、引言

评价是一种与教学过程紧密联系的进行性评估，它贯穿于学生课堂学习过程的始终，是课堂教学的重要组成部分，是课堂教学有效形成的途径之一。体育课课堂结构具有鲜明的阶段性，无论是开始环节、准备环节、基本环节及结束环节，无一不在启发思维、调动学生的肢体活动。一次有效的评价可在启发学生的同时，调动学生的活动和学习热情，保持同学们良好的学习状态。评价的方向不同、对象不同、角度不同、层面不同，都有可能对学生的情绪、学习目标、行为（包括守纪意识、时间观念、尊重他人等）多方面形成影响，对高效课堂的有效形成起到此时无声胜有声的作用。

学生的体育学习评价是学校体育教学中的重要环节。评什么？怎样评？事关学生的进步与发展。新一轮国家基础教育体育课程改革正式启动之后，许多体育教师和研究人员都非常关注学习评价的改革。为了适应国家基础教育体育课程的改革，本论文对我国中小学体育学习评价体系进行了大量的研究和探索，其目的主要在于：①完善体育学习评价理论，为体育学习评价改革奠定理论基础；②发现并尝试解决体育学习评价改革过程中遇到的新问题和新困难，增强体育学习评价新体系的可操作性；③研制与开发一系列体育学习评价工具（如相应的评价量化表和评价系统等），以帮助体育教师有效地进行体育学习评价的改革。

二、研究对象与研究方法

（一）研究对象

本校学生2~5年级4个班级学生200人左右。

（二）研究方法

（1）文献法：查阅了小学体育教学有关的教材、专著、论文等文献20余篇。

（2）专家访谈法：访谈了有关体育教学与训练的教授、专家等10余人。

（3）问卷调查：对学生进行问卷调查，发放问卷200份，收回180份，有效回收率90%。

（4）归纳总结法：对调查、访问的结果进行归纳总结。

三、研究结果与分析讨论

（一）评价的方式

评价方式多样化。我校对学生体育学习评价的形式包括：教师的评价、集体评价、学生间互评。而教师评价包括：口头评价、感情评价、肢体评价、实物评价、展板表格评价等，在学生学习过程中教师的一个眼神、一种表情、一个微笑对学生都是一种肯定、表扬或否定的制止。评价语言应该从多层次多角度的评价，比如："你瞧，你比上次进步多了！再来一次！""你能行，老师相信你！""不错，锻炼很认真！""你真棒！做一次给大家看！"等语句激励性的进行评价，从而使他们产生强大的内驱动，提高他们锻炼的积极性和主动性。让激励的语言贯穿体育教学的全过程。而学生之间的评价与集体评价会大大增进学生们之间的友谊和团队意识。

（二）小学体育课教师运用评价的形式

低年级：学生的心理特征——思维活跃，具有一定的思辨能力，不受约束。低年级学生适合口头评价、感情评价、肢体评价、实物评价等。如果教师适时评价，引导得当，发挥即时评价的引航作用，就会起到事半功倍的效果，促成高效课堂的生成，为有效教学激发新的生长点。

中年级：学生从低年级向高年级的过渡时期，其总体发展较平稳、稳定。这一特点具体表现在生活学习的各个方面，如他们开始出现了分化性的学习兴趣；对需要独立思考的学习作业更感兴趣等；在对自我的评价上，开始不再完全依赖他人的评价，开始独立地对自己评价，且开始偏重对内心品质的评价。其中，更值得一提的是中年级是学生形象思维向抽象思维发展的关键年龄。

高年级：学生的心理特征不好把握，表现出来的是一种莫名的躁动，不听教师的说教、自由行动，学生的自主意识逐渐强烈。评价的方式主要是对学习内容进行列表格评价，分数的评价尤为重要，要想使体育课顺利进行，必须抓住每一个孩子的心。

根据调查统计，随着年级不同，教师使用评价方式也不同（见表11.3）。例如：在高年级，同学们接受分数评价还是很高的，而实物评价对于他们来说新鲜感就没有那么强烈了。总之，教师从学生体育学习评价的出发，对不同水平阶段的学习用不同的学习评价方法，使学生们在学习过程中即发现自己的进步，体验成功带来的喜悦，又了解了自己的不足，从而不断改进教学过程。

表 11.3   经常受到教师哪种方式的评价调查表

评价方式＼年级	二年级	三年级	四年级	五年级
语言评价	178	180	166	180
肢体评价	166	177	145	152
实物评价	120	92	48	36
分数评价	155	140	132	167

（三）让评价贯穿整个学习过程从而激发学生的学习兴趣

爱因斯坦曾经说过："兴趣是最好的老师。"兴趣也是最好的内在动力，还是影响学生学习的自觉性、主动性和积极性的重要因素。兴趣是手段，技能是目的，课改不但不淡化技能，而且要注重学生的技能发展，并且学生要将所学的知识运用到生活实践当中，这就是社会适应。通过问卷统计，喜欢上体育课的同学还是占了大多数的（见表11.4）。教师要充分运用这内在因素，通过体育活动培养学生感兴趣，久之就有了积极性、趣味性和主动性，逐渐形成个体特有的体育运动的爱好。

表 11.4　　　　　　　　学生对体育课的喜欢与否调查表

调查内容	男生	百分比（%）	女生	百分比（%）
喜欢	75	83	60	67
一般	10	11	26	29
不喜欢	5	6	4	4

通过问卷调查就很容易看出学生的认知评价受他人的劝说、诱导的影响（见表11.5）。教学中教师要善于进行恰当的启发、诱导，有90%以上的同学认为教师的鼓励和评价对自己完成体育项目有一定的帮助。在教学中，除了要向学生讲明学习的目的与意义，启发他们认识到通过一定的体育知识、技术和技能，不仅能使身心健康，还要树立他们从"要我学习"到"我要学习"的正确学习态度。教师还必须在教学中选择灵活多样的教学方法来引发他们的学习需要，唤起他们的学习激情，并使之不断品尝到"智力劳动的成果"这样同学们练习的兴趣也有很大的提高。课程不再枯燥，操场上加油声此起彼伏，也提高了练习的质量。

表 11.5　　　　　　　学生对教师的鼓励和评价影响成绩调查结果

调查内容	男生	百分比（%）	女生	百分比（%）
有很大帮助	84	93	89	99
一般	6	7	1	1
不会有帮助	0	0	0	0

(四) 合理的评价可以提高学生的练习密度

体育与健康课程是一门以身体练习为主要手段,以体育与健康知识、技能和方法为主要学习内容、以增进小学生健康为主要目的的必修课程。因而,学生在课堂中能否最大限度地得到身体锻炼,能否最大限度地获取知识、增长技能、学会方法是衡量体育课堂是否高效的重要标志。有的课程由于学生年龄较低,所以教师用语言强调的动作要领多一些。这样反而使学生的练习密度大大降低了。

从表11.6中可以看出,在对教学内容的安排上,认为进度合理的同学占有70%,认为进度稍快的同学占10%,这一部分同学的能力稍差,认为进度稍慢的同学占20%,这一部分同学则认为自己的理解能力和体力很好,觉得教师讲的东西很容易就掌握了。怎么才能既对学生效果进行评价又不耽搁练习的时间呢?

表11.6　　　　　　　　体育教学内容进度安排情况(%)

教学内容进度	能跟上安排合理	进度稍慢	进度稍快
100	70	20	10

1. 评价语言的简洁性

积极的学习动机和态度的形成,最主要是来自内部——成功的情感体验。因此,对学生的点滴成功都要给予及时准确的评价,而及时准确的评价最好的方式就是口头表扬,这样的评价方式快捷、方便,使学生更自信、投入。经过试卷调查,认为上体育课时教师讲得多的同学占到32%,体验和练习多的同学占到15%,边讲边练的同学占到52%。这样的调查数据可以证明一点,教师讲得多就必然会浪费一些练习时间,这里要强调的是讲解和评价的语言要简洁。

2. 评价时机得当

教师应多注重学生练习时候的评价,而不是终结性的评价,而及时有效的评价还能提高练习的密度。这种评价捕捉及时,来得恰当,教师在理性上，充分考虑学生由于对体育理解水平的局限，不能形成与教师预设的意图统一的具体情况，智慧性采取评价策略，帮助学生提高认识。

3. 对于突发事件教师应该怎样处理与评价

体育课是在一个复杂的环境里完成的，往往会受到外界环境、天气、人员的影响。而学生处于思维活跃好动的年龄，然而遇到这样的情况，教师应该怎样及时地去处理与评价、引导就尤为重要了。

例如：一堂小篮球课，在课上学生们精神抖擞，一切听从指挥，然而就在课到达重点时，突然天上飞过一群白鸽，孩子们都仰起了头，看着鸽子从头顶飞过，面对孩子们失控的场面，教师并没有生气地去阻止孩子们的举动，而是及时地和蔼地说："孩子们！你们想不想像白鸽一样翱翔天空啊？"孩子们争先恐后地回答："想！想！""那我们就要好好学习、锻炼身体，将来才能展翅高飞。那好，老师现在就要检查看谁掌握得好。"婉转的评价与引导使学生很快地接受并转移了注意力，使课程顺利进行。

四、结论与建议

（一）结论

学生的学习与教师随时随地进行即时评价，是一个不断更正错误、发扬优点的发展过程。这一过程中的即时评价，包括了学生的习惯、思想、思维方式、学习方法、做人等多方面。教师评价的有效性、运用的时机与想要达成的方向是紧密结合的，多了会占用学生学习时间，缺了不利学生学习，教学效果必然不佳。只有恰如其分的评价才能拨动学生学习的心弦，才能激励学生的学习积极性，才能保持学生高度的学习热情和激发学生的积极情感，课堂的高效才会有落脚点。

（二）建议

（1）评价语言应该多层次多角度，要以正确的评价、鼓励的评价为主，对待不同的学生可以采用表扬性、鼓励性、引导性、启发性等不同的评价。让激励的语言贯穿体育教学的全过程。

（2）教师一些引导式评价的引用恰恰为学生指明了方向，合理及时的评价会激发学生们的学习兴趣，从而提高教学质量和效率。

（3）教师应多注重学生练习时候的评价，而不是终结性的评价。新课程标准强调，评价重心应转向关注学生求知的过程、探索的过程、努力的过程。只有关注过程，评价才能深入学生发展的过程，及时了解学生在发展中遇到的问题、所做出的努力以及获得的进步，评价促进发展的功能才能真正发挥出来。

（4）根据课程的不同内容，简洁的评价可以提高学生练习密度，增大练习强度。

第4篇 和谐成长的研究型教师队伍

史家小学的科研发展之路也是教师转变角色,从"教书匠"转变成"研究型教师"的过程。教师们在和谐教育思想的引领下,从教学观念、课堂行为开始改变,实现了专业成长,也创造了自己的职业幸福。和谐成长的研究型教师队伍,是史家小学多年科研发展、教师队伍建设的成果,是教师实实在在的成长与提升。

第 12 章
教师观念的转变

史家小学的科研发展推动了教师观念的转变,教师们对科研与教学的关系、理论与实践的关系有了新的理解。

第1节 科研与教学的关系

史家小学的陈庆红老师曾经说道:"很多人认为科研和教学是两张皮,粘不到一块儿,但是事实不是这样的。教师的科研必定是与教学密不可分的,科研让我体会到科研和教学是相辅相成、相互融合的。"在史家小学,很多教师都用不同的形式表达过和陈老师相同的观点,这与时下很多学校、很多专家学者都在大力提倡的"教研结合""教学科研一体化"不谋而合。

史家小学教学科研一体化的思想并不是一开始就有的,恰恰相反,在科研发展初期,史家小学的教师们常常把科研等同于写论文,认为是占用自己教育教学时间的一种"负担"，但是在和谐教育思想的基础上，经过了新课程改革、行动研究的实施和学习，经过学校5个阶段的发展，教师们已经从亲身经验中体会了科研对教学的促进和推动作用，已经认识到了教学科研一体化的正确性和重要性。

"科研兴校"离不开科研与教学的完美配合。史家小学在学校的"十二五"工作规划中就提出要指导教师将工作与科研相结合，指导教师追求"研究工作化，工作研究化"工作模式，遵循"在教育教学中发现问题——用科研的方法研究问题——将研究成果用于教育教学工作中"的路径，采取行动研究的方法，专家和教师一起对教师在教育教学中发现的问题进行科学研究。由此可见，对于教学科研一体化的观点不仅仅根植于史家小学教师们的脑海中，还上升到了学校规划的高度，作为一种科研的指导思想而存在。

第2节 理论与实践的关系

教师研究的过程离不开对教学实践的反思，而为了更加透彻地反思现状、提出解决对策，教师必须学习大量的教育学、心理学、社会学等方面的理论知识，用相应的理论去观察现实，并用这种理论规范自己所要解决的问题，以及解决问题的途径与方式。在这个过程中，教师无时无刻不在与理论和实践打交道，也逐渐形成了对这二者关系的更加深刻的认识。

教师研究的过程是理论和实践交互影响的过程。一方面，教师们用理论引导实践，改善教育教学质量；另一方面，教师也同时从实践中总结规律，形成对理论的有效补充。理论之所以能够引导实践，是因为理论是对实践活动、实践经验和实践成果的批判性反思、规范性矫正和理想性引导，它超越了实践。实践之所以能够补充理论，是因为理论本身是源于实践的，它本质上就是对实践经验的概括和总结。在史家小学，一个课题研究常常持续一年以上的时间，在课题研究期间，教师们不断对课题相关的理论进行思考，并尝试将理论应用到教学实践，从实践效果中获得反馈，对应用理论的方案进行调整。这个过程可以总结为教师们将理论和实践紧密结合，促使理论的经验化和经验的理论化的过程。教师们在借鉴别人的经验的同时总结自己的经验，在感悟理论背后的科学规律的同时形成了自己的思想。

实践和理论的相互影响帮助教师实现了更加优质的教学。新课程强调站在学生学习的角度进行教学设计。这样的要求一方面要求教师了解学生的心理特点和认知规律，这些都有赖于教师对儿童心理学、教育学等理论知识的学习，这个过程就是教师们用理论引领实践的过程。只有教师了解学生，教学才能更加有效。另一方面，理论是具有普适性的规律，而面对特定的学生、特定的班级，理论的设想与实践的情况肯定有所出入，这时候就需要教师敢于反思，直面教学实践中出现的问题，自己探索改进方案。经过探索改进的教育教学理念，教育教学方法，会更加符合学生个性、班级特点，对提高教育教学质量起到很好的帮助。这些探索的成果，也将成为对现有理论的有效补充。

第13章
课堂行为的改变

研究让教师了解什么是科学的教育教学方法，有研究经历的教师，能够更主动地按照教育规律教学，并且能够在教学过程中不断观察、不断反思。

第1节　师生互动的课堂

教学的实质是师生互相交往——相互交流、相互沟通、相互理解，这是一个动态的过程，一个信息传递的过程，也是人基本的存在方式之一。离开了师生间的交往互动，课堂就不再是教与学和谐统一的过程，而变成了教师单方面灌输知识的过程，这样的课堂是没有效率的，也不是教师和学生心中理想的课堂。理解互动交往对课堂的重要性，是教师改变课堂行为的开端。为了建立师生互动的课堂，教师从建立平等的师生关系开始，逐渐建立了互动交流的课堂。

1. 平等的师生关系

师生交往的前提和开端就是师生关系的平等，这意味着承认教师与学生都是具有独立人格价值的人，两者在人格上完全平等，师生在课堂上是价值平等的，没有高低、强弱之分。只有承认师生间平等的交往关系，才能实现师生间的和谐交往，才能开展师生互动的课堂。

平等的师生关系承认了学生在课堂上的主体性，帮助教师改变过去教师中心主义和管理主义的倾向，还学生更多的自主性，给学生更多的尊重和信任；平等的师生关系给了学生更多的话语权，课堂不再是教师全权主导，教师不仅要能滔滔不绝地将知识娓娓道来，讲得生动活泼、纵横捭阖，还要能够十分真诚地请学生自主发言，倾听他们的情感、思想和创意；平等的师生关系能够帮助学生体验自由、民主、尊重、信任、友善、理解、宽容、亲情和关爱，同时受到激励、鞭策、鼓舞、感化、召唤、指导和建议，形成积极的、丰富的人生态度与情感体验。

为了建立平等的师生关系，史家小学的教师开始走下讲台，用问卷调查、学生访谈、课前测试、随时观察等多种方式，俯下身去倾听学生的想法。在这个过程中，教师感受到了学生的力量，并从学生身上学习如何成为一名让学生更加喜爱、更加满意的教师。与此同时，学生们也感受到了教师的爱与尊重，更加愿意配合教师在课堂上好好表现，在学习上不断努力。这一切，都推动史家小学的教师和学生之间形成更加平等、亲密的关系。

2. 互动交流的课堂

互动交流的课堂是平等的师生关系的最佳表现，在这样的课堂上，师生间教学相长，进行了真正的交往，教师与学生相互沟通，相互影响，相互补充，从而达到共识、共享、共进。

首先，在互动交流的课堂上，师生间、学生间不断进行着动态的信息交流。信息交流的内容不仅包括知识、方法，还包括情绪情感、态度感受、兴趣方向、价值目标等等，师生在不断发出信息和接受反馈中，更加了解彼此的想法和需求，共同为创造更好的课堂而努力。平等和谐的师生关系促进了信息交流的程度和速度，而且随着师生间信息交流的增加而增强，师生的关系更加亲近紧密，进而推动师生交流的进一步深化，这是一个不断良性发展的过程。

其次，在互动交流的课堂上，师生通过信息交流实现了彼此间的互动互惠、互教互学，形成了一个共同学习的场。以前的课堂中，教师往往充当着传递知识的权威角色，教学只是知识从教师向学生单向传输的过程。而现代教学提倡的互动交流的课堂，不仅仅意味着学生在学习，还意味着教师在这个过程中从学生身上学习。教师拥有更多的经验、知识、信息，学生拥有更多的创意、童真和想象，二者互相沟通交流，实现对教师、对学生的双向促进。

最后，在互动交流的课堂上，师生都获得了情感的释放和个性的解放。教师不必刻意维持在学生心中高高在上的权威形象，而是用一种亲和但又不失风范的方式与学生交流。这样的教师敢于直视自己的不足和错误，这种勇气和诚实更能让学生接受、喜欢和信任。同时，教师摆脱万能的形象，也让学生了解到自己也能够为课堂的完美出一份力，让他们感受自己的价值。在这样的情境下，学生会更加愿意大胆说出自己的想法，愿意积极地去展示自己，而不是瞻前顾后担心出错，被恐惧束缚和压抑了自己的思考、表现和信心。

史家小学的教师们常常研究创造性改变课堂的方式方法，但是不可避免的是，在探索初期，由于没有先验的经验可供参考，这些方法都是不成熟的，那教师是不是就不要去尝试改变呢？不是的，史家小学的教师们选择了另外一种方式，就是精心预设，大胆调整，直面不足，师生交流，共同探讨。例如在将古文字引入书法课堂的过程中，陈庆红老师就鼓励学生和自己一起搜索资料、准备课堂，学生们独特的视角和创意常常让她眼前一亮，获得对古文字的更深的理解。学生也在这个过程了感受到了尊重、平等，乐于交流并积极参与到课堂中来，这样反而收获了更加深刻的课堂经历，对所学知识也有了更加全面、个性的理解。

在强化师生互动交流的过程中，很多史家小学的教师们都经历了一个转变的过程。满文莉老师的《知其所以然："旋转"的"转"怎么读》一文，就分享了她在课堂中遭受质疑时的尴尬情况，但课上小女孩的大胆质疑，也让满文莉老师颇为感动，她十分珍惜学生的反馈，也从这种反馈中收获了新的成长（见案例13.1）。

案例13.1 知其所以然："旋转"的"转"怎么读 / 满文莉

我们中国的汉字是世界上生命力最强的象形文字，汉字的背后潜伏着先人的智慧和情感。一个小小的方块字有着很大的内涵，学起来也是需要我们思考的。在一次语文课上，我们认真思考了"转"字的读音。

那节课，我们学习人教版语文二下第16课《充气雨衣》，在学生读课文时，我纠正"旋转"的"转"应读三声，而不是四声。以往我一正音，学生会马上改过来，可是这次不是，有个小姑娘说："满老师，我在预习的时候查字典了，这个多音字在这就是读四声。"我想：在备课时，我已经查了《现代汉语词典》，确定了"旋转"的"转"读三声。因为我平时要求学生遇到多音字要根据字义选择读音，所以我说："好吧，那我们再查查字典，看看字义。"翻开字典，第三声的"转"解释为：改换方向、位置、形势、情况等。第四声的"转"解释为：绕着某物移动、打转。这时有学生说："老师，旋转不就是绕着一个东西在转吗？所以我觉得应该读四声。"班上有很多孩子都同意这一看法。当时我也有点含糊了，因为看了新华字典，根据解释我的理解是360度以上读四声，如：转动、旋转、转圈等。360度以下读三声，如：转身、左转、转头等。

学生说的也有道理，按字典的字义我也觉得是读四声，可是词典中对这个词的注音就是三声啊。一时我不知道怎么解释这个问题，就搬出了我的《现代汉语词典》，我说："《现代汉语词典》中'旋转'这个词对'转'的注音是三声，我们以词典注音为准。"但是我表扬全班同学这种学习的态度，遇到问题就应该这样去动脑思考，查工具书。学生却说："您不是说要根据字义选择读音吗？根据字义就应该是四声。"我又说了一句："先以词典注音为准，课下我们可以接着讨论。"学生也就没有再说什么，而把"转"读为三声。我心中知道，他们只是口服，但没有心服。

接着上的后半节课总觉得别别扭扭的，心中不免有几分懊悔。每次上课前我都会认真备课，在这次备课时我对"转"这个字音也拿不准，我还特意查了词典明确了读音。我告诉学生遇到多音字一定要根据字义选择读音，但我没有关注字义，所以也就没有发现这个问题，从而导致了课上"靠着字典一言堂"。如果我要是在备课时发现了这个问题，作为一个教学环节让学生思考，让他们去查找资料，去解决这个问题，这将是一个多么好的学习方式啊。

下了课，我马上再查工具书，并上网查找资料，最终我还真找到了说法，《现代汉语规范词典》和《现代汉语规范字典》的业务副主编季恒铨先生对这个字的解释为："转"字在表示"围绕着一个中心运动"的意思时，读第四声。但在"旋转"中的"转"是个特例，读第三声。这是因为汉语的两个单音节词，组成一个词的时候，产生的一种语音的音变现象，语言中常常有一些特例，不是都能按规则来类推的，而是服从语言的社会约定俗成的原则。"旋转"的"转"就是一种约定俗成，服从于习惯的读法，读第三声，所以，在词典中标注的是第三声。关于"转"的读音问题总算明白了，我也把这份资料读给了学生听，终于使他们口服也心服，记住了这个词的读音。有的学生还说："这个字学得真有意思，没想到，原来一个字的读音还有这么多的理由，以后我也要多查工具书。"

字音风波算是平息了，但是我的心里却不能平静。我相信以前在课上肯定也出现过这样的情况，只不过学生都是依着我的"词典"去读，没有提出他们的质疑，因为他们深信教师告诉的是正确的，按照教师说的去做就不会扣分。想着都觉得很可怕，孩子们面对知识一味地接受，不去思考太多，为的就是那高分。即使有疑问也只是在心中一闪而过，不去多想不去质疑，只是死死地学会知识，一点弯都不转。

我真要感谢这个好学敢言的小姑娘，正是她认真的预习和敢言的勇气给我们创造了这次学习的机会。我想以后我在教学中还会遇到这样的问题，首先我自己要充分地备课，要避免"靠着字典一言堂"。另外遇到这样的问题我也可以放手让学生去研究、思考，从而激发他们学习知识的兴趣，培养他们质疑的习惯，并且要有勇于钻研的精神。

虽然是教学准备上的一次失误，但是使学生获得了学习方法的启示，也算是个收获吧。与此同时我也深深地体会到：作为教师，我们对待知识一定要知其然，但更要知其所以然。

第2节 开放生成的课堂

开放对应于封闭，生成对应于预设。教学是预设与生成、封闭与开放的矛盾统一体。预设是教学的基本要求，教学是有目标、有计划的活动，教学的运行也需要一定的程序，并因此表现出相对的封闭性和预设性。建设开放生成的课堂意味着教师对"教什么""怎样教"都有主动权，学生也参与到课程建设的过程中来，师生共同开拓民主自由的课堂；建设开放生成的课堂也意味着教师承认课堂可能出现突发、非预设的变化，用开放的态度接受这些变化，并发挥教学的艺术性，灵活应对变化，将课堂"危机"变成转机，生成优质的课堂。

1. 课程民主

民主的课程应该是将教学与课程整合在一起的。课程是学校教育的实体或内容,即"教什么";教学是学校教育的过程或手段,即"怎样教"。过去,课程是由政府和学科专家制定和规定的,课程内容是规范性的、统一的;教学则是教师的任务,每名教师都按照课程的安排和要求,向学生传授课程的内容、知识和方法。也就是说,传统的课程和教学是分开的。这样的课程虽然统一、规范,便于控制和评价,使得实际教学失去了活力。

倡导课程民主,意味着课程由封闭走向开放,由专家走向教师,由学科走向学生。课程由封闭走向开放,意味着课程不再局限于教科书的范围和安排,而是接受变化,无论是课程内容还是课程意义,都在不断地改变、提升;课程由专家走向教师,意味着课程不再是由专家全权制定的,教师能够根据自己的经验、学校的特点、所带学生的情况,在不偏离大纲内容的前提下,自主安排和调整课程内容;课程由学科走向了学生,意味着学生也与教师一起参与课程生成和转化的过程,他们不再只是学习一门门学科知识,而是帮助创造和拓展一门学科的内容和意义。

史家小学的教师们通过研究校本课程,创新课题教学方式和模式来实现课程的民主。这种自由民主的氛围给学生以更大的探索空间,也给教师更多的个性化教学的空间,教师可以用古文字教书法,用画图和数独教数学,用传媒教语文,用个性化作业教品德与社会……课程的民主带来了课堂的生动,带来了教学方式的多样化发展,学生的兴趣被挖掘,个性受到重视,教师对自己的课堂有了自主权。这样的课堂上,教师教得更自由,学生学得更主动。

2. 课堂开放

课堂开放意味着课堂不局限于书本知识,而是将生活经验、学生偶发问题和课堂突发问题有机地融入课堂,教师发挥自己教学的艺术性,将课堂上得流畅自然,生机勃勃。课堂开放还意味着课堂不拘泥于预先设定的固定程式，教师不过分追求对课堂的控制，而是接受课堂可能的变化，教师不限制学生，而是鼓励他们开动脑筋发挥创意，充分参与到课堂中来。

开放的课堂是亲近儿童生活世界的课堂。构建主义者的学习观认为，我们是以自己的经验为基础来构建现实，或者至少说是在解释现实，每个人的经验世界是用我们自己的头脑创建的，由于我们的经验以及对经验的信念不同，于是我们对外部世界的理解便也迥异。所以，学习不是教师把知识简单地传递给学生，而是学生自己建构知识的过程。学生不是简单被动地接收信息，而是主动地建构知识的意义，这种建构是无法由他人来代替的。教师在教学中的作用主要发挥在帮助学生更快更好地构建知识，而不是把知识灌输到学生头脑中去，灌输的教学会带来学生的排斥和厌烦，降低学生主动构建知识的积极性。想要更好地构建儿童的知识体系，将书本世界与学生的生活世界结合起来教学，是一种有效的方式。书本的内容都是科学知识，这些知识都是生活规律的总结，但是要让儿童更加深刻地理解书本知识、接受科学知识、理解科学的意义，必须将课堂与学生的个人知识、直接经验和生活世界相结合，把这些当成有效的课堂资源。教师在尊重儿童文化的基础上，通过构建生活化的课堂情境，用生活中的经验和例子作为课堂的引子，能够触动学生的情感、启动学生的思维。这样亲近儿童生活世界的课堂，会让儿童愿意去理解书本知识、消化科学知识，他们的"童心""童趣"和"童真"，也会让课堂变得更加生动有趣，具有可变性和创意。因此，可以说，开放给课堂增加了趣味，也让学生学习的过程变得容易。

开放的课堂也是给儿童充分自由的课堂。过度预设的课堂就像一台木偶剧，教师是编剧和导演，儿童是教师手中的牵线木偶，被约束限制，个性没法发挥。可是，正如前文提到的构建主义学习观的内容所说，儿童的知识积累、见解增长只能由儿童自身实现和完成，不能由包括教师在内的其他任何人包办代替。教师如果一味追求课堂完全按照自己的预设去开展，必然会限制儿童的自由和个性，而拿走儿童的课堂自由，并不意味着教师就能帮助学生学会知识，恰恰相反的是，失去自主性的学生在课堂中的收获是很少的。要想让学生学好，最重要的还是要尊重儿童的身心发展规律。首先，儿童是"未完成"的人，他们的可塑性和可变性很强，新的知识会触发他们新的想法，这些都不是教师能够完全控制和预知的，这种情况是客观存在的现实，也是符合学生发展规律的，教师必须首先承认这一点。其次，面对可变的学生，教师应该在预设时就给课堂更多的自由空间。教学不应该是一个封闭的系统，而应该是师生自由交流的过程，师生在课堂上智慧的碰撞往往能够带来意想不到的火花和灵感。

怎样才能实现开放生成的课堂呢？史家小学的李军红老师从学生对教师说"不"这件事受到启发，反思了教师该如何面对学生打乱教学预设的情况，如何让自己的教学预设变得灵活、让课堂变得开放，实现开放生成的课堂，并用文字将自己的心得记录了下来（见案例13.2）。

案例13.2 **现在的学生真的是不好"教"了吗** / 李军红

执教数学教学已经22年了，在数学课堂上经常会遇到这样的场面：学生的答案与我们的预想背道而驰，当学生坚持地对我们说"不"的时候，我们怎么办？置之不理者有之，急于作答者有之，认为学生固执己见，或有意打乱教学秩序抱怨"现在学生太难教了"的教师亦有之。

然而，真的是这样的吗？

学完对称轴的概念后，我为我的学生们准备了一些学过的平面图形：圆形、长方形、正方形、等腰三角形、梯形，并提出要求："判断出哪些是轴对称图形？有几条对称轴？并画出来。"学生们兴致很高地操作、讨论、并一一做出了正确的判断。此刻为了加深对概念的理解与辨析，我又拿出了平行四边形让学生们判断，本以为学生会立刻说出他们不是轴对称图形，但事与愿违，几乎绝大多数孩子都认为它是轴对称图形。当时我愣了一下，心中迅速问自己是不是概念没有讲明白。于是我马上做出决定："既然你们说它是轴对称图形，谁到前边演示一下折一折？"一个学生跑上来拿着平行四边形摆弄起来，毫无收获。我得意地笑了说："不是吧！"话音未落，仍有几个同学提出了不同意见："我认为它是轴对称图形！"并且他们毫不掩饰他们的观点，还想亲自上讲台试一试。很显然是和我较上了劲。为了下面的课能够继续下去，我随即说："刚才那个同学不是折不出来么？你课下自己亲自折一折。"话中已经明显显示出了不快，学生顿时沉默了……

一堂课下来，反思这节课带给我的感受颇多。明明平行四边形不是轴对称图形而学生偏说是，其实从知识的角度来看学生是受知识的负迁移造成的思维定式，只要让学生亲手实践动手操作，问题就会迎刃而解。但更深层次地思考这个场景，原本难以想象，但现在却不鲜见：学生常会问"为什么"，不再只是满足于获得一个结论；常说"不"，不再唯教师一言是听。足可见学生已经不再是安静的倾听者，他们已经主动参与、传递着自己的需求；学生说"不"足以见学生不再是被动的接受者，他们已经养成了积极思考的习惯，独立的个性，表达着自己的质疑。

当面对学生说"不"的时候我们应该怎么办？

置之不理视而不见势必会给学生留下困惑，浇灭的更是学生的热情。就一节课而言，也许是对某一个知识点的模糊、应用的困难；对学生的发展而言，数次的置之不理必然会造成学生怠于思考，最终成为知识的接收器。又有教师和学生意见相左时，便急于作答急不可待地表达自己的想法。用"应该是这样，这样……"的方式进行讲解，画图、举例、滔滔不绝，一遍又一遍，试图在第一时间里说服学生。其实大可不必，当学生说"不"时，已经是思维产生了碰撞，让其心悦诚服地接受，无疑需要一个理解、取缔、内化的过程，而这一过程又绝非教师一言或数言便可以一蹴而就的。正如著名数学家波利亚所言:"学习任何知识的最佳途径是由学生自己去发现,因为这种发现理解最深刻,也最容易掌握其中的内在规律、性质和联系。"我们应该怎样面对学生的"不",答案已经比较明显——巧妙引导,静静等待。

引导学生去"亲历",等待学生去"发现"。学生说"不",正是他们以独特的方式传递着这样的信息,表达着这样的渴求:"我做过了,便真正理解了;我亲历了,便真正信服了。""原来这样行,原来这样对,原来这样更好……"如再遇到同样情况,我就会重新设计:平行四边形到底是不是轴对称图形?放手让全体学生试一试,教师如何做?提供丰富的学习材料——圆形、长方形、正方形、平行四边形、三角形、等腰三角形、梯形等,提供自由的探索空间——学习小组;更多的机会,每个学生都可以试一试;宽松的氛围,每个学生都可能大胆地说一说;提供充分的交流平台——给学生表达自己发现的时间,去寻求同伴的认可,去享受探索的快乐。其后便是教师静静地等待、学生积极的探索了,在探究合作中发现平行四边形不是轴对称图形。

引领学生"发现自己、说服自己"可能会打乱原有的教学设计,可能会影响学生预案的达成。但如此才是真正的"以学定教",从不解—发现—理解—内化,经历这样的教学过程获得的不仅是知识,更多的是探究的意识、科学的方法和学习的热情,这才是最重要的,才是最有益的升华。

当学生再次说"不"的时候,不妨这样一试!

第3节 和谐育人的课堂

传统的课堂以知识为本,重"教书"。时代的发展对现代的课堂提出了新的要求,课堂的价值本位转向了以发展为本,重"育人"。这样的课堂才是全面的，才是目光长远、有利于学生人生发展的。"和谐"是史家小学育人理念的核心，学校倡导教师用"静心、潜心、精心、诚心、真心"育人，实现学生的和谐发展。

和谐育人的课堂让学生"知其然，知其所以然"。"知其然，知其所以然"意味着学生从课堂上学到的不仅仅是一些结论，还包括结论产生的过程。对任何一门学科而言，过程表征该学科的探究过程和方法，结论表征该学科的探究结果，二者是相互联系、密不可分的。结论是学科中的一些知识点和精华，也是学生掌握知识时的一个切入点，也是学生需要记忆的一些东西。但是，如果学生的脑海里只有一个又一个孤立的结论，那么这些结论的意义就不大了，而且对学生来说，他们损失了每个结论形成过程中的精彩，他们不知道一个结论应该采用什么样的分析思路、推算方法才能得到，因而他们只能掌握他们现在记住的结论，却完全不具备举一反三推出别的结论的能力。任何一门学科都是不断发展和进步的，学科的体系框架、内容、方法都在不断前进，只掌握结论是无法跟上学科发展的步伐的。对学生来说，掌握结论产生的过程对他们的思维发展、学科方法积累、主观能动性的发挥都是非常重要的。探索过程首先是一个思考的过程，这就需要学生跟着教师的思路，抓住思考的关键点，在模仿和总结中学会思考；探索过程也是一个推理论证、演算计算的过程，这就需要学生掌握一定的方法技巧，加快推算的速度，缩短探索的时间；探索的过程还是一个不断发现问题、解决问题的过程，一个让学生被一个个谜题吸引、层层深入的过程，学生是能够在这个过程中发挥主动性、获得进步和成就感的。因此，对学生来说，不仅要"知其然"，还要"知其所以然"，两者缺一不可。善问善导，是史家小学教师们的特色之一，教师们不会直接把一个结论塞给学生，而是用悬念、用一个生活小事件或其他媒介逐步引导学生思考，教师提示关键点、学生自然而然地探索问题，使学生体验结论形成的整个过程，留下深刻的印象。

和谐育人的课堂让学生"学习知识，体验积极情感"。学习过程是以人的整体的心理活动为基础的认知活动和情意活动相统一的过程。认知因素和情意因素在学习过程中是同时发生、交互作用的，它们共同组成学生学习心理的两个不同方面，从不同角度对学习活动施以重大影响。传统的课堂过于注重让学生学会知识这个单一的目标，忽略了学生的情感需求，结果南辕北辙，单调、死板、枯燥的课堂反而让学生难以接受教师传授的知识。现代的教育观发现了传统课堂的问题，并开始倡导课堂要将认知活动和情意活动相结合，尤其是对被长久忽视的情意活动，更是大力倡导要做出改变。新课程正式明确提出了情感、态度、价值观三个要素对课堂的重要性。情感指的是学生学习兴趣、学习动机、学习热情，以及内心体验和心灵世界的丰富；态度指的是学习态度、学习责任，以及乐观的生活态度、求实的科学态度、宽容的人生态度；价值观强调个人价值与社会价值的统一，科学价值与人文价值的统一，人类价值与自然价值的统一，要求学生从内心确立起对真、善、美的价值追求及人与自然和谐可持续发展的理念。由此我们可以看到，新课程对学生在课堂上的情意活动提出了较高的要求。但是这一切都是史家小学教师们正在努力实践的目标。教师从课堂设计环节就充分考虑学生的情绪情感需求，用孩子们熟悉的事物，如小树、小猫、动漫人物等等去制作课件；课堂上教师会密切观察学生的情绪变化和学生对待学习的态度，并及时用撰写教育叙事等方式进行反思，用与学生及时交流的方式了解学生；在价值观的培养方面，教师将课堂延伸到社会，鼓励学生接触社会、积极实践，参与到减少使用一次性塑料袋、调查北京三轮车发展历史、了解中国茶文化等社会性、历史性的事件中去，让孩子们从小树立社会责任感和历史使命感。

综上所述，和谐育人的核心在于"人"，也就是教师面对学生并关注学生的需求，及时从学生中获得反馈并调整教育教学行为是史家小学教师们建设和谐育人课堂的秘诀。史家小学的刘颖老师将"以学生为本"的思想带入课堂教学中,从课堂上学生的反馈开始反思自己,分析自己教学设计存在的问题,并找到调整教学预设、实现和谐育人课堂的办法(见案例13.3)。

案例13.3 **学生是教学设计的起点与归宿** / 刘 颖

课程标准指出:数学学习活动必须建立在学生的认知发展水平和已有经验基础上。其实,处在信息时代的学生,他们学习的准备状态有时远远超出了教师的想象,往往在学习新知以前就对新知识有着比较多的认识。学生和学生之间、班级和班级之间、不同时期的学生之间都是有差异的,教师要对学生有充分的了解,并要充分考虑学生的身心发展特点,结合他们的生活经验和已有知识,设计富有情趣和有意义的活动,使他们有更多机会从周围熟悉的事物中学习和理解数学,感受学习数学的必要性,同时满足学生的学习需求。因此,学生应是一切教学设计的起点与归宿。

2008年的3月我成功地做了一节区课《平均分》,事隔一年我又要做《平均分》这节课。在去年的教学中,帮助学生掌握平均分的方法这一环节,是引导学生通过分15个梨来学习的,教学中孩子们有一个一个地分,有几个几个地分,还有用口诀和除法计算来分的,这样的教学设计很好地达到了教学目标。

这学期在我预设时,这个环节继续沿用了上学期的教学设计,自认为这样很完美时,第一次试讲,学生却给了我重重的打击。课上,尽管我把要分的15个梨凌乱地摆在黑板上,这样放的目的是不想让学生数出总数,逼着学生去按照我们的思路学习。然而,还是挡不住学生很快数出总数,并利用口诀或除法得到了结果。因为掌握平均分的方法是本节课的重点也是难点,为了完成教学任务,我不得不自言其说,把平均分的方法通过课件演示,一一做了介绍,但孩子们对平均分的方法还是不买账,整节课都在用口诀和除法计算,我很无奈,更盼望着赶快下课……

课下，我在反思自己的教学设计到底哪儿出现了问题？为什么仅仅一年的时间学生会有这么大的反差？

经过反思我才发现，出现这样的问题，首先在第一个环节建立平均分的概念时就埋下了隐患。第一个环节中，在上学期教学设计的基础上进行了"创新"。在准备春游食品的情境中，通过把6块糖分给两个同学，在讨论分得的结果哪个公平的基础上，引出了每份分得同样多，而后让学生自己任意数出一些糖分一分，要求每份分得同样多。看似更具开放性的活动，调动了学生的主动性，更为建立"平均分"提供了更多的直观材料。然而这个活动限制和阻碍了学生的思维，因为没有平均分方法的学习，虽然学生有一些平均分的生活经验，但由于小学生很自然地就会想用口诀来解决问题，以至于后面的学习就出现了前面说到的问题。

问题仅此而已吗？虽然只相隔一年，但学生和学生的基础和能力是有差异的，教师忽略了对现在学生的了解和调研，觉得只有一年之差，学生能相差到哪儿去？作为教师不能总停留在以前，教学观念在不断更新、学生也在不断变化。再有，在教学时我们总是想让学生按照我们的思路和方式来学习，而忽略了学生的学习需求，因此要为学生提供有意义、有挑战性的数学活动，让学生在活动中自主发现，自主学习。

针对问题我对预设进行了调整，要想让学生掌握平均分的方法，首先要了解学生学习的需求，并让学生感受学习的必要性。于是我借助学生的生活经验，在熟悉的实践活动中，让学生亲历学习的过程，学会平均分。我设计了学生熟悉的发扑克牌的游戏。教师出示了一副扑克牌中的一部分，"把这些扑克牌平均发给4名同学，你打算怎样发？"学生很自然的利用已有的生活经验来解决问题，有一张一张发的，有几张发的，使学生在玩中初步感受了平均分的方法。没想到一个小小的发牌游戏大大地吸引了学生的注意力，激发了学生的学习兴趣，更自然地突破了教学的重点和难点。

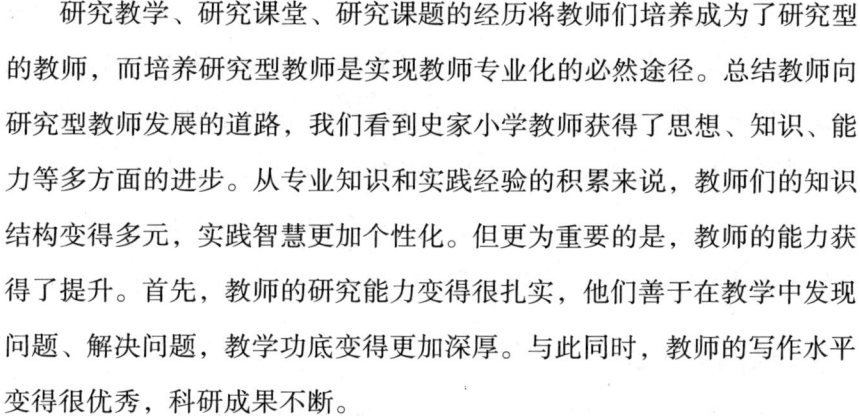

第14章
教师的专业成长

研究教学、研究课堂、研究课题的经历将教师们培养成为了研究型的教师,而培养研究型教师是实现教师专业化的必然途径。总结教师向研究型教师发展的道路,我们看到史家小学教师获得了思想、知识、能力等多方面的进步。从专业知识和实践经验的积累来说,教师们的知识结构变得多元,实践智慧更加个性化。但更为重要的是,教师的能力获得了提升。首先,教师的研究能力变得很扎实,他们善于在教学中发现问题、解决问题,教学功底变得更加深厚。与此同时,教师的写作水平变得很优秀,科研成果不断。

第1节 多元化的知识结构

师者,所以传道授业解惑也。教师授业的基础就是教师本身的知识。素质教育的今天，教师的知识结构不能再局限于传统的"学科知识＋教学知识"，而是应该拓展到多学科、多领域。史家小学的教师在从"教书匠"向"学者型教师""研究型教师"转变的过程中，通过自我学习、专家引领、"走出去"、自主研究等多种方式实现了教师教育教学理论、学科知识、科研方法及基础文化知识等多方面的成长和进步。

1. 基础文化知识

基础文化知识内涵广泛，囊括了"文史哲""数理化""天地生""体音美"各个学科的知识，简而言之，就是教师最好能够"上知天文，下晓地理"。当然这并不意味着教师是所有学科的专家，而是要求教师在知识积累的过程中不能过于狭隘，而应该广泛涉猎。因为学生的求知欲和探索兴趣是多角度、多方面的，他们需要教师提供更多的知识，更多学科的启发和熏陶。素质教育就提出要全面提高全体学生的基本素质，充分挖掘学生的潜能。在这样的要求下，强化各学科的横向联系，让每一位教师都掌握一些综合性的基础文化知识就是十分必要的了。尤其是与本学科关联相对紧密的知识，在教学过程中会常常涉及，通过将这些知识与学科学习联系起来，既拓展了学科的内容，也能抓住学生各方面的兴趣点，促进学科学习。从另外一个角度来说，一个知识渊博的教师对学生来说也更显魅力。

2. 学科专业知识

在广博的基础文化知识的基础上，教师必须能够对一个学科的专业知识系统掌握、深刻理解、透彻分析，这样才能真正教好一门课。教师精通一门学科，要做到全面系统地掌握这门知识。也就是说，教师必须熟悉这门学科的基本框架，对这门学科各个部分的知识都有所了解，这样的话教师才能触类旁通，将相互关联的知识教给学生，学生也能更加系统全面地掌握一门学科。同时，教师必须能够有长远眼光、通观全局地把握学习内容，作为一名小学教师，不能局限于掌握小学阶段的学科知识，还必须对接下来的初中阶段要学什么、学到什么程度有所了解，这样的话，教师才能更好地把握，在小学学习中，应该让学生在某一门学科内打下什么样的基础、做好哪些铺垫。简而言之，教师在学科专业知识领域，要挖得深、看得远，并且能够把握全局。

3. 教育科学理论

教师掌握了广博的基础文化知识和深入的学科专业知识，只是掌握了自己该"教什么"。但要实现和谐育人，教师还应该掌握教育科学理论，这样才能更好地教育学生，明白该"怎样教"。教育科学理论的内容丰富，简单说来就是教师必须有正确的学生观、教学观、教材观、课堂观，对自身角色定位、学生认知特点、学生学习方式、教程特性特点、科学建设课堂等有全面深入的了解。教师掌握教育科学理论、懂得教育教学规律，才能更好地向学生传授知识、引领学生成长成才，实现"科学育人"，建设优质高效的课堂。教师了解学生的认知发展和智力的特点，才能做到因材施教；教师把握了学生的学习方式和规律，才能做到循循善诱；教师体会了学生的情绪情感特征，才能实现师生互动；教师接受学生的个性化多样化的想法，才能引导学生走向正确的人生道路。教师对教育教学理论的掌握，是在不断学习充电、不断实践中总结经验、不断研究中反思提升的过程。

4. 科学研究方法

研究型教师的诞生，让教师知识结构中又增加了一个新的维度，这个维度的诞生，既对教师提出了新的要求和挑战，也让教师掌握了一个能够实现自我提升的途径。科学研究方法是指研究教育现象及其规律所采用的方法，在教育领域中，常用的研究方法包括行动研究法、观察法、调查法、文献法、统计法、行为研究法、历史研究法、比较法、分析法、实验法、个案研究法。这其中，行动研究法是近年来校本研究中最前沿的研究方法之一，也是史家小学教师开展校本科研常用的一种方法。科学研究方法就像一把握在教师手中的钥匙，让教师可以自己打开教育教学理论研究的大门，以自己教学实践和理论应用中积累的经验和遇到的问题为基础，探索教师专业成长的道路。

第2节　个性化的实践智慧

所谓实践智慧，指的是在教学实践活动中形成的、有关教学整体的真理性的直觉认识。实践智慧来源于教学经验，是教师通过对具体的教学情境和教学事件进行反思，将个人感受、教学经历加以归纳总结，发现其中的规律和窍门，并把这些全都内化为教师个人的做事方法、处理方式的过程。经过反思总结内化形成的教学智慧，具有一定的规律性、科学性和艺术性，能够帮助教师准确及时地应对教学突发事件，也能够帮助教师将教学过程艺术化、个性化，还能帮助教师形成独特的个人魅力，在学生心中树立美好的形象，让学生不自觉地崇敬向往，在潜移默化中影响学生的品德发展、个性养成和价值观的形成。

教师形成个性化的实践智慧时，最为关键的两个因素就是"用心观察"和"坚持反思"，而这两步都是研究型教师培养的两个基础步骤。"用心观察"指的是教师要把视线集中在教学中、把心放在学生和教育事业上，并学会观察学生和教学，细致全面了解课堂和学生，及时发现好的做法和自己的不足，这是发现问题的过程。"坚持反思"指的是教师要养成及时反思的习惯，及时将自己的心得体会记录下来，并在记录的同时梳理自己的思路，对自己的经历和感受进行总结和提炼，抓住关键问题深刻剖析。这个过程需要教师极大的耐心和毅力才能实现。只有"用心观察""坚持反思"，实践经验才能提升内化，变成教师自己的智慧。

第3节　优秀的写作水平

写作是固化教学科研成果的有效方式。教师在教学、学习、成长过程中的经验，可以在写作中得到梳理，教师的体验情感和感受，可以在写作中得到释放，教师的教学智慧，必须经过不断的写作、修改才能最终形成思路清晰、逻辑科学的固化成果，得以分享和推广。写作是练出来的。史家小学的教师们很早就开始了撰写研究报告和科研论文的历程，起步早，让教师们的写作功底在日积月累中实现了巨大的提升。

教师们在写作的过程中，理解了"会写"与"会做"一样重要，都具有巨大的价值，教师们形成了"写"的氛围。但是这种"写"不是空写、瞎写，而是实事求是，言之有物；这种"写"不是单纯记录，而是有分析、有内涵、有深度的写；这种"写"不是花哨的炫耀，而是严谨的总结。教师在写中不断总结自己所做的事情，如自己参加的学习与培训，自己开展的教学调研，自己进行的科学研究。教师做得越多，能够写、能够表达的东西就越多。"写"已经与史家小学的科研发展紧密相连，这两者互相促进、共同进步。这两者的密切配合，成就了史家小学今天的科研水平。

第4节　扎实的研究能力

史家小学教师在知识结构多元化、实践智慧个性化、写作水平提升的过程中，也实现了研究能力的提升。

在史家小学，教师们已经能够很好地监测教学、反思教学，并且能够根据自己的知识储备、经验积累，选择正确的研究方式和研究方法，开展教学科研。研究已经成为史家小学教师工作不可缺少的一部分，反思也成为教师一种自然而然的习惯。每一位教师都形成了大量的教学叙事、教学案例、教学论文，并广泛发表在报刊杂志上，这些都是教师反思后的成果和有力证明。随着教师实践反思能力的提升，教师的成果也在逐渐变得更有深度、更加难得。以前，教师最擅长撰写的是教学案例和教学叙事，将所经历所感受的东西简单记录。现在，教师已经能够以一个教育教学事件为契机展开更加深入的思考，能够自己做小课题，甚至申请到国家级、市级、区级的课题。

史家小学的教师们经常针对自己在教学中的困惑，及时开展研究。谷莉老师就从形体课上遇到的难题出发，充分运用自己的研究能力，通过研究找出了让形体课吸引低年级男生的办法，并通过课堂上的尝试收获了实效，论文还最终得以正式发表（见案例14.1）。

案例14.1 如何使形体课吸引低年级男生／谷　莉

本文以小学低年经男生为研究对象，采用行动研究的方法，从男生的身体发育、心理特征出发，从兴趣入手，设计具有针对性的教学内容及方法，让男生的优势显现出来，让他们爱上形体课，积极参与到舞蹈训练中来。采取的具体措施包括：通过问卷调查，了解男生对体育课的感受，以便制定相应对策；通过新颖的讲解方式改变一年级新生对形体课的模糊认识；引导学生进行角色扮演，培养模仿能力；以丰富有趣的内容，帮助学生体验习舞的快乐。研究显著提高了男生上形体课的兴趣，提升了形体课的效果。

一、研究动机与目的

（一）动机

2001年国家教育部颁布的《全日制义务教育艺术课程标准》

中就已明确要求"戏剧、舞蹈、影视等也要进入艺术课堂"。新课程也强调拓展学生的艺术视野，提高整体素质。

形体课作为我校的校本课程已开设了30年，在培养学生气质、形象方面取得了可喜的成绩，而且为学校舞蹈队的发展储备了人才。但是，在教学实践中我们也发展，男生普遍对形体课有抵触和畏难情绪。

我们需要从男生的身体发育、心理特征出发，从兴趣入手，设计具有针对性的教学内容及方法，让男生的优势显现出来，让他们爱上形体课，积极参与舞蹈训练中来，要让男生表现得像小绅士一样彬彬有礼。我希望通过此次研究能有效提高低年级男生的学习兴趣，在形体课上获得成就，并且能够解放思想，解放肢体，善于表达情感，提高自控能力。

(二) 目的

尊重男生的性别差异，充分利用男生的优势，提高男生在形体课上的参与度，培养男生学习舞蹈的兴趣。

从男生的身心特点出发，设计研究一套适合男生习舞的教学内容和教学方法，使男生在形体课上获得成功感。

通过本课题研究，让更多的男生解放肢体，解放思想，在拥有矫健的舞步、挺拔的身姿的同时，学会善于表达情感，提高自控能力。

二、问题分析

学生在群体活动中往往能比较明显地表现出各自的特性，例如：性格取向、学习习惯、意志品质等等，通过平时的观察，我发现男生有以下问题。

(一) 问题

男生在形体课上常有这样的表现。

(1) 注意力不集中：例如教师在讲解动作时男生容易做小动作，根本没听教师讲的内容；原地坐下时，手会不由自主的抠地板或来回地划道道。

（2）自制力差：如果教师讲到有趣的事情时，男生会兴奋得难以控制，以至影响整堂课的学习。

（3）节奏感差：每个班几乎都有几个男生不会听音乐数拍子，动作缺乏节奏感。

（4）表现力差：相对于女生而言，男生不善于用动作表达情感，他们会表现出拘束或散漫。

（二）分析

"形体课是女孩子的课"，"跳舞是女孩子的事"，这种观念是家长、社会误导传递给孩子的，男生在接受形体训练，接触舞蹈艺术时就会有一种被动甚至逆反的心理，如果教师在教学时不考虑男生的心理特征，就很难吸引男生，也很难达到教学目的。

此外，生理机构的影响也是男生对形体课不感兴趣的原因之一。

男生的这些表现，多是受生理机构的影响。男生不会像女生那样可以安静地听教师讲解，但是他们的创造力更强。女生倾向于听觉型学习，男生倾向于运动型学习。男生的大脑跟女生相比，更多依赖于动作和空间机械刺激，男生天生更容易接受图表、图像和运动物体的刺激，而不易接受单调的语言刺激，如果教师在讲课时说得太多，那么男孩大脑更有可能感到厌烦、分心、瞌睡或坐立不安。此外，男生对声音并不敏感，所以他们的节奏感会弱于女生，他们需要更多的触觉型体验，才能激发大脑学习的积极性。

三、行动方案

课程是教师、学生、教材、环境四个因素相互作用，相互促进，多元收益的，在课程的设计上要体现"以人为本，自主参与"的宗旨。显然，传统的形体课已不适合，也不能满足当今学生和家长的需求。因此我从授课的形式到学习的内容都关注了人的和谐发展，关注学生的身心健康以及肢体的协调发展，以激发学生的学习兴趣为出发点，全方面培养学生的素质，提高学生的审美鉴赏能力。

（一）构想

能够通过行动研究，并在专家的指导下，找出学生心理学原因所在，制定好研究计划，真正改善男生的学习状况。并能够通过研究进行分析，不断修正自己的研究计划。

从兴趣入手，改变传统教学模式，让学生在"玩中学"，"学中玩"。

增加创造性、趣味性的舞蹈活动，充分利用男孩子活泼好动，思维活跃的特征，发挥他们的优势，让跳舞不再成为"女孩子的专利"。

（二）设计

取消上形体课时必须穿形体裤、舞蹈鞋的要求，引导、鼓励学生用服饰、道具等把自己打扮成喜欢的角色，把形体教室当成"童话世界"。

改变排队入场方式，启发、引导学生用各种动作、造型表现自己扮演的角色，通过角色扮演，解放学生的思想，解放学生的肢体，使学生觉得上形体课就是在做游戏。

结合学生的生活体验，引导学生学会用肢体语言表现各种事物，让学生体验创作的乐趣，同时体验到跳舞不是件难事。

（三）协同研究人员

张冉：女，现任二年级形体教学及一年级音乐教学，在此研究中承担问卷抽查、整理资料、校本课程实施等任务。

四、实施研究进程

措施一：对二年级进行问卷调查

问卷主要内容问学生是否喜欢上形体课，并说明为什么喜欢或不喜欢。

根据问卷调查与结果分析，笔者认为男生不喜欢上形体课，并不是错，我们不应该也不应强迫他们必须喜欢和接受。但是由于目前学校还不能做到将男女生分班，所以先从教师自身的教学行为找原因，针对男生上形体课的困惑，设计教学内容和教学方法，解决男生对形体课不感兴趣的问题。

措施二：通过新颖的讲解方式改变一年级新生对形体课的模糊认识

通过对一年级14个教学班630名学生的提问，我概括了学生的回答，他们对"形体课是学什么的？"这一问题有以下几种认识：形体课是学跳舞的；是练劈叉的；是练弯腰的；是翻跟头的；是练站的；有点像体育课；是锻炼身体的；是练芭蕾的……可见一年级学生的回答来自他们在幼儿园的学习体验，还有从家长、社会带给学生的认识。但这些并不是我们史家小学形体课的学习内容，于是我以展示板书的方式，向学生讲述了史家小学形体课的内容，学生表现出非常惊讶和兴奋的心情。

当学生看到"玩"时，都不解地发出疑问，他们认为上课就是学习，怎么可能是"玩"呢？于是，我进一步讲解："这个'玩'不是同学们在课间的追跑打闹，随意的玩，而是有游戏规则，有奖励，有惩罚，需要同学们开动脑筋，需要想办法的，所以我称形体课上的玩是'高级游戏'。同学们愿意接受这个游戏挑战吗？"学生们激动地高喊："愿意！"

接下来我开始讲解"演"，有的学生回答"演"就是"表演""演出"，于是我请同学们当堂表演"猫"的样子，结果几乎是全班学生都把双手张开放在嘴边做"猫捋胡须状"同时发出"喵——喵——"的声音，我很难看到有其他形象的模仿。于是，我示范几种表现猫形象的动作,学生们不由自主地说"像、像",也跟着模仿起来。我又举例:"如果同学们去剧院看一个节目,舞台上有一个人表演一只猫,他就站在那里,像你们刚才那样表演,你们会有兴趣看吗?"学生回答是否定的,我又说道:"如果一个演员,在舞台上他用四肢及躯干,再加上丰富的表情,把猫表现得活灵活现,你们是不是更喜欢看呢?"学生异口同声回答:"是!"我于是就总结到:"我们在形体课上就要学这种'高级的模仿',而不是单一的,没有吸引力的动作。"

最后讲到"编",这时学生已将所有注意力集中到我这里来,并且开始动脑筋积极发言了,有的说"编,就是编动作",我再一次调起学生的"胃口":"在形体课上,这个'编'是最难的,也是最有意思的。你们通过在形体课上'高级的玩'和'高级的模仿',最后就要自己设计动作和编动作,你有机会成为'小老师'并教老师和同学们跟你学动作,你们愿意不愿意呢?"此时,同学们对如此崭新的形体课内容产生了兴趣和好奇。

措施三:引导学生进行角色扮演,培养模仿能力

根据我校课程的安排,一年级形体课是隔周上1节,一学期下来学生总共上8~9节课,如果按照学生的认知规律,用一学期9节课时间要求学生穿统一练功服和舞蹈鞋并练习舞蹈基本功显然是不合理的,也不可能收到好效果。于是,我要求学生在形体课上,不用再穿他们并不喜欢的健美裤和舞蹈鞋,而是用头饰、面具、贴画、披肩、护腕等多种服饰装扮自己所喜爱的角色。经过一两节课的调整,学生明白了自己要在形体课上扮演什么,而且会主动请求家长的帮助,他们来上形体课时,脸上洋溢着灿烂的笑容,他们在课上逐渐地体会着表演的快乐,也慢慢地形成模仿能力。平时我用相机记录下学生上课时的画面激发他们的自我欣赏感。

措施四:以丰富有趣的内容,帮助学生体验习舞的快乐

在问卷调查中不难发现,不论男生、女生都会因"动作难""担心做不好"而不喜欢上形体课,其中男生的比重更大些。传统的形体课更加注重站、立、行、走等良好姿态及优美舞姿的培养,而忽略了学生的心理特征和兴趣,这就造成他们的抵触和畏难情绪,这对培养学生乐观向上的性格和健康的体魄造成了阻碍。

我采取了以下做法。

(1)做一节组内公开课,请组内全体音乐教师就行动研究展开讨论,以进一步提高研究的针对性。

(2)总结、提炼研究成果。通过本学期学生在形体课上的表现,发现笔者最初对"男生表现力差"这一观点有些偏颇,当教师在形体课上引导学生扮演自己喜爱的角色时,每个班几乎都是男生先举手,声音洪亮地回答自己喜欢的角色是什么,而且角色种类丰富,有奥特曼、卡卡龙、喜羊羊、蜘蛛侠、蝙蝠侠、黑豹、恐龙等各种角色,女生则多是扮演小公主、蝴蝶、小兔、小鹿等。当学生用造型表现角色时,男生的动作舒展而到位,有的男生还会不由自主地流露出该角色的神态表情。学生对形体课的喜爱程度也得到了较大提高。

因此,"男生表现力差""对形体课不感兴趣""跳舞是女孩子的专利"这些观念在我校一年级学生中逐渐发生着变化。

(3)与协同人员讨论研究,发现问题,及时调整教学方案。

尝试新的教学内容、教学模式时,会出现某个环节设计不合理,某个方法使用不当的现象,通过实践及时进行调整。例如:有的学生用一把木制的箭来扮演王子时,就会出现上课不便于运动的现象,有的学生因为得不到家长的支持,不能实现想要扮演的角色,由于没有与班主任进行沟通,没能得到班主任的大力支持。对于这些情况,我都及时进行调整,提出:为便于运动不能使用道具或者服饰装扮自己,可用贴画、头饰表示自己扮演的角色,另外积极与班主任进行沟通,得到班主任的支持等等。

实践中还发现,学生在扮演角色入场时,难以做到按照音乐节奏,按照指定节拍结束动作,通过笔者观察、分析,发现学生在完成这一环节的动作时,由于关注自己扮演的角色,很投入地进行角色创造,难以再分配精力聆听音乐,如果过于强调准确地把握节奏,对于一年级学生来讲是有难度的,因此,最终我选择用音量强弱、大小的变化作为动作结束的提示。这样学生既能得到音量大到小、强到弱的分辨能力训练,还能按照指令很好地完成动作。

五、研究结论与讨论

(一)找到男孩的兴趣点,就可以解开束缚孩子心灵的绳索

在对我校一年级 14 个班进行教学实践时,我看到了在以往形体课上不曾看到的现象,每个班几乎都是男生争先恐后地回答自己喜欢的动画片里的角色,大多数男生都能主动要求表演动作,当他们在形体课上精心把自己装扮成蜘蛛侠、卡卡龙、铠甲勇士……积极大胆地用准确到位的动作表现这些形象时,我怀疑了自己多年来对"男孩子表现力差"的观念。

现在的形体教室已被孩子们想象成色彩斑斓的童话世界,有参天大树,有鲜花,有山坡,有草地,有城堡,有河流,大大的镜子就像大屏幕映照出孩子们欢蹦乱跳、婀娜多姿的热闹场面,每个孩子都化身成了动画片里的各种角色,这里不再有枯燥机械的口令,从上课到下课不再是一成不变的队形,教师像魔术师,牵引着孩子们思考着,探索着,体验着,享受着,孩子们在不知不觉中学会了模仿,学会了创造。在这种轻松、有趣的氛围中,男孩子活泼好动、思维活跃、好创造的优势得到了充分的发挥,他们成为形体课上的主角和亮点。

(二)行动改进的思考和建议

(1)当孩子们在形体课上尽情享受快乐的同时,也给教师的组织教学带来了困难,学生们会因过于兴奋而控制不住情绪,容易从有秩序、

有目的活动变成无拘无束的嬉戏玩耍，这就需要教师必须继续思考、研究适合男孩子学习的内容和方法，要不断创新，使课堂保持吸引力。

（2）建议学校还是应该考虑男女生分班学习舞蹈，从生理、心理特征分析，男女生之间有很大的差异，他们的接受力、表现力等方面的差异使教师在教学上总处于左右为难的尴尬境地，要么对男生降低要求，要么牺牲男生的阳刚气，总之在同一课堂上很难做到兼顾两个标准。

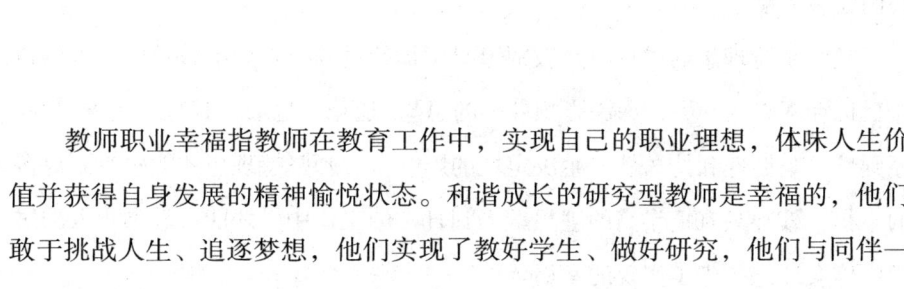

第15章
教师的职业幸福

教师职业幸福指教师在教育工作中,实现自己的职业理想,体味人生价值并获得自身发展的精神愉悦状态。和谐成长的研究型教师是幸福的,他们敢于挑战人生、追逐梦想,他们实现了教好学生、做好研究,他们与同伴一起在专业成长中体验人生的价值和幸福。

第1节 在坚持理想中体会幸福

史家小学坚信"我们给后代留下什么样的世界,取决于我们给世界留下什么样的后代"。教师们以和谐教育为引导,在自己的教育生涯中树立教育理想、坚定育人信念。

根据马斯洛的需求层次理论,人的需求从低到高可以总结为生理上的需求、安全上的需求、情感和归属的需求、尊重的需求、自我实现的需求一共五个层次，而自我实现是在前四个需求得到满足的基础上，人进一步追求的终极需求。也就是说，人必须通过坚持自己的理想和信念，在自己的职业和人生中实现自我，证明自我，这是人的基本需求。所谓教育理想指的是人类通过教育这种有意识的生命活动，根据其内在需求和条件塑造自我、塑造自然界以及社会所设想的有可能达到的完美状态，其主要回答了主体向往和追求完美的标准的问题。教育理想是教师人生的指导，它让教师变得有追求，有长远的目标。有追求的人更加坚韧、更加持久、更加能够把握人生的方向。拥有职业理想的教师，也是认可自己工作的教师，他们能够抱着坚定的信念坚持教育工作。尼采曾经说过："人生本没有什么意义，人生的意义便在于我们要努力赋予它的意义。"

教师坚持理想的过程也是教师追寻幸福的过程，理想给教师以长远的奋斗目标和不竭的动力，深深影响教师的思想、道德，也会对其行为的方向性、原则性、坚韧性和持久性产生决定性的影响。教师坚持理想才能感受到更多的幸福，教师只有把崇高的理想融入到日常的工作中，才能在教书育人的过程中体会理想一步步实现的幸福。

第2节　在团队建设中体会幸福

人是具有社会属性的动物，每个人在生活和工作中都离不开人际交流和团队合作。教师实现教学理想的过程中，不可避免地要与同事、学生、家长、专家等各种群体进行交流和互动，如果互动能够实现互动合作，实现人际和谐，形成和谐的团队，教师也能够从中获得更多的帮助、尊重、支持、理解，感受到更多的归属感、价值感和幸福感。

史家小学通过团队建设实现了教师间的和谐共进。学校十分重视团队建设，一直将它作为学校建设的重点之一。"十一五"期间，学校就通过《培养小学研究型教师的行动研究》《开展和谐班级、和谐学校建设的研究》的开展，研究如何实现史家小学教师团队的和谐发展。学校的"十二五"规划在总结过去做法和经验的基础上，提出了从6个方面加强学校的团队建设：加强师德建设、强化专业培训、形成共同愿景、推出梯式培养、提供展示平台、创建史家社团。尤其在科研走进史家小学之后，各个学科组内教师之间、跨学科教师之间常常一起合作做科研、做课题，互相间的交流合作、多种形式的团队协作频繁，教师们共同形成了一个幸福成长的和谐大家庭，让每一位史家小学的教师都找到了归属感。

第3节 在学生成长中体会幸福

新课程提出将"为了每一位学生的发展"作为核心理念，这其实是对教师职业目标的高度概括。从每一位教师自身角度出发，他们最希望看到的就是学生的成长成才，最希望得到学生的认可。

在史家小学和谐教育理念的引领下，史家小学的教师们都致力于实现"和谐育人"。和谐育人意味着做学生成长过程的良师益友，帮助学生成长成才。学生是未来的希望，是一颗颗充满朝气和希望的种子，教师就是用爱和智慧浇灌他们的人。对每一位学生来说，教师是他们未来的奠基人。教师用爱牵引着学生走向美好，用智慧引领学生走向科学。教师要尊重学生，平等对待学生，挖掘每一位学生的特长特点，帮助学生发扬优势，做学生成长道路的服务者。正如新课程提出的教师既要引导学生学习知识，也要在"情感、态度、价值观"三方面引导学生。首先，在知识传授方面，史家小学的教师们一直能够做到用自己的方法让学生学会，尤其是在参与"多元智能"课题之后，教师学会了发动学生听觉、视觉、触觉、动觉等各方面的感觉，帮助学生理解知识、记忆知识，教师们还发明了"小手指记忆法"，让学生勤动手、巧记忆。其次，在情感关注方面，早在1997年，教师们通过北京师范大学的研究生课程，认识到儿童心理发展的规律和特点，尊重学生、关注学生心灵沟通的重要性，杨奕老师还通过"心灵之约"与学生写信交流，让学生借助书信这一媒介把自己的心里话表达出来。关注学生情感和心理，让师生关系变得更加紧密，让课堂氛围变得更加融洽，学生也变得更加积极主动。第三，在价值观引导方面，史家小学的教师们鼓励学生关心社会、关心国家，无论是"绿色奥运"课题中倡导的环保理念，还是"史家传媒"课题倡导的做有社会责任感的小公民，都是在引导学生做"有理想、有道德、有文化、有纪律"的四有新人，支持学生们为人民作贡献，为祖国作贡献，为人类作贡献。

学生成长的过程让教师感受到作为教师的价值和意义，也让教师从中收获了职业幸福感。

第4节 在科研进步中体会幸福

华中师范大学熊川武教授说过："科研是教育幸福之源。"现代教育要求教师做"学者型教师""研究型教师"，教师在转型的过程中，科研水平不断提升，个人能力不断进步，幸福感也在与日俱增。

科研进步带来教师的专业成长，而成长的过程是挖掘潜能、实现价值的过程，是每个人的渴望。科研进步让教师的职业变得更加多变、更具创造性。在过去很长一段时间里，教师的工作都只是局限于教学，而这种教学很大程度上是不断重复的，教师没有自我提升的方式，遇到问题找不到解决途径，工作缺乏改变、缺乏创造性。科研的出现让教师发现自己也能够作为一名研究者,用科学的方法去探索解决教学问题的途径,探索改善教学方法,丰富教师工作。这样的职业生活充满挑战和希望。教师在科研进步中自我创造,既实现了自身的价值,也在其中感受到了幸福与满足。

科研进步的过程也是教师超越自我的过程。史家小学的教师们多年来一直在展开各种各样的课题研究,他们在反思中不断发现新问题,找到新目标,又不断解决问题,实现新的超越。这种动态前进的过程给教师提供了持续努力的动力,陷在同一个问题中找不到出路的情况已经过去,现在史家的教师们愿意发现问题,因为他们相信通过科学的研究和团队的合作,他们可以最终做出一些改变。史家小学的教师们认识到自己作为一线教育者在改善教育教学中的不可忽视的作用,他们在不断的探索研究中积累了信心,收获了幸福。

第16章
各领风骚的学科科研团队

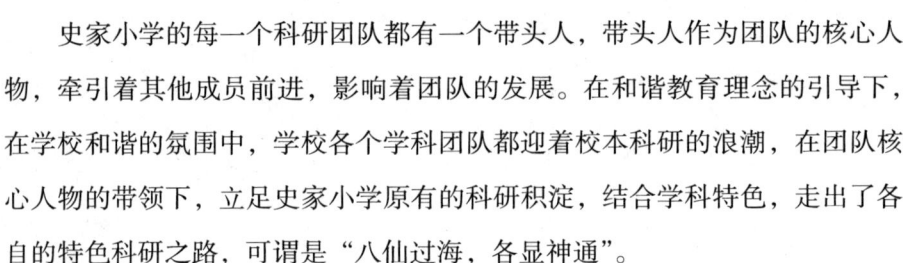

史家小学的每一个科研团队都有一个带头人，带头人作为团队的核心人物，牵引着其他成员前进，影响着团队的发展。在和谐教育理念的引导下，在学校和谐的氛围中，学校各个学科团队都迎着校本科研的浪潮，在团队核心人物的带领下，立足史家小学原有的科研积淀，结合学科特色，走出了各自的特色科研之路，可谓是"八仙过海，各显神通"。

第1节 数学科研团队：从学生需求出发

数学科研团队是史家小学发展比较成熟的一个团队。学校副校长陈凤伟老师是团队的核心人物。1999年，陈凤伟副校长初到史家小学，就以她的远见卓识敏锐地发现"科研"是史家小学教师进一步发展的必经之路，并带领数学组团队率先行动起来。当时新课程提出的"以学生发展为本"的教育理念，在探索如何将教育理念转化为教学行为，落实到教学课堂时，数学组教师们发现学生的需求是其中一个很重要的因素。于是，陈凤伟副校长带领数学组团队以"学生需求"为切入点，开始了数学组科研团队的科研之路。

说到做到，数学组教师们雷厉风行地开始了他们的研究。数学组教师把问卷调查作为主要的研究方式并展开研究，并辅以绘画、写作、访谈、生活观察、网上留言板、网上家长开放课、166语音信箱、短信息等其他调查方式。

教师们从头学起，借助专家的指导，大家一起边学边做设计问卷、回收问卷、数据录入、数据分析。2004年，数学组教师们对全校3~6年级的1000余名学生进行了问卷调查，考虑到一、二年级学生年纪小，就请他们的500多名家长加入到活动中。孩子们表现出了极大的积极性，问卷对学习数学的目的、最喜欢的数学学习内容、最愿意接受的帮助方式、最喜欢的数学教师等问题进行了调查。家长也积极配合，许多家长不仅从自家孩子的视角出发，而且以社会人的责任感表达了对数学教育、数学教师的期望，提出了许多独到、中肯的建设性建议。语文教师还组织学生用写心里话的形式，写出学生对数学学习的向往，美术教师和学生一起用五彩缤纷的色彩描绘出理想的数学课堂。在整个调研过程中，每一位置身其中的数学教师都在思考、在成长。

经过两年多对学生需求的全方位的研究，2006年数学组有关学生需求的研究正式立项为北京市课题，并且在2010年成功结题，加上之前的研究时间，课题持续了6年以上。这样长时间的专注于一个问题，持续关注学生的需求，使得数学组团队整体的科研能力都得以提升，老中青三个梯队的教师以其自身的特长和优势，实现了良性互补。数学组教师中，老中青教师基本各占了1/3，三个梯队凝聚起来形成合力。老年教师虽然在学习做科研方面不如年轻教师，但是他们是经验型的专家，他们兢兢业业的态度、扎实的教学能力推动着中青年教师继续进步；中年教师构成为数学组科研团队的中坚力量，他们是各类课题的主导者和主持人，如陈凤伟副校长、韩巧玲主任、刘颖老师等；青年教师经验不足，但是他们年轻、热情，思维敏锐具有创新精神，数学组为他们创造机会、提供平台，支持他们成长。如青年教师汤柳老师就在来到史家小学数学组的短短几年迅速成长，2008年还被聘为东城区数学教学兼职教研员。汤柳老师说："大雁在飞行时它们的队形呈V型。在飞行的过程中大雁定时变换'领头雁'。这是为什么呢？原来'领头雁'是用它的身体和翅膀帮助两边的雁形成局部真空——从而减少它们的飞行阻力。所以，雁群以这种形式飞行，要比单独飞行飞得更远。那么我所在的这支数学团队就如同这样的大雁群。"

在通过学生需求课题自我学习和摸索之后，2010年，陈凤伟副校长、韩巧玲主任、刘颖主任还作为数学科研团队的代表参加了北京市骨干教师成长研修项目，将行动研究方法带回了数学组，并且成长为能够独立主持课题的教师。"十二五"期间，史家小学的教师主持了13个国家级、市级课题，其中的3个课题就是由数学组教师作为立项人，其中陈凤伟老师主持了两个北京市课题，《小学生数学基本活动经验积累的实践研究》和《关键事件对新教师入职影响的实践研究》，刘颖老师主持了北京市课题《小学低年级解决问题教学中"画图策略"的实践研究》。

可以说，从学生需求出发，史家小学数学组的教师们成为了在科研之路上行动最早的团队之一。2011年，史家小学数学组科研团队受北京市教科院基础教育研究中心的委托，代表史家小学向东城区教委和北京市教育专家展示了校本科研的成果，与会专家、教师代表对研究成果高度赞扬。历经学生需求课题的磨炼成长，数学组科研团队积累了宝贵的经验。通过在北京市骨干教师成长研修项目，以及各种其他类型专家培训、外出交流活动，数学组科研团队学会了系统科学的研究方法。面向未来，史家小学的数学组科研团队已经打下了坚实的基础。

第2节　语文科研团队：与传媒联姻

　　语文科研团队是一个能够充分将研究与教育实践紧密结合起来的团队。无论是在新课程进入北京之前就开展了的研究性学习活动——"小博士工程"，还是现在正在如火如荼进行的"史家传媒"课题，语文科研团队都是在研究中实践，在实践中研究，不断学习、不断反思、不断改进，充分实现了行动研究。"十二五"期间，史家小学语文组团队在王欢校长的带领下，申请了北京市课题——《小学综合实践活动校本课程"史家传媒"的研究与开发》，由陈高老师协助执行，将语文与传媒联姻的创意让语文科研团队迈向了一个新的高度。

　　陈高，区骨干教师，从事语文教学工作30余年，作为语文教研组组长，她深知自己肩上责任的重大。为了能让史家小学这所知名学校的孩子们拥有更美好的未来，陈高老师和她带领的语文科研团队一直没有放弃对语文未来发展方向的研究，她研究学习了众多专家学者的书籍和讲座，查阅了国内外大量的相关资料，不断反思、不断探索。一次在外开会，恰巧和陈凤伟同宿，说到语文目前尴尬的局面，陈凤伟启发陈高："能否让语文与其他学科联姻，利用校本课程搞点创新？因为语文是应用学科，学生走上社会，需要听说综合技能。今天学到了知识，将来才能灵活运用。"陈凤伟的话，句句说到了陈高的心坎，顺着陈校长的思路，陈高老师与"徒弟"王静老师不断交流，最终找到了语文发展的出路，就是"史家传媒"。

　　"和谐奠基生命的底色"是史家小学闪亮的办学理念。学校把"培养和谐儒雅的史家人，做具有国际化视野的公民"的办学思想作为学生培养目标。"史家传媒"正是符合了学校课程整体建设的需要，特别是符合学生个性化、创新意识的培养需求。从教30多年的校长王欢，以她特级教师、名校校长的眼光，深知对史家小学的孩子进行创新精神培养的重要性。"我们试图通过活动、课程、金牌的打造，为孩子的未来种下一粒种子。6年下来，给他们积攒一生可持续发展的真正的内动力。史家传媒就是用这样的方式，关注孩子的视野、沟通方式以及搜集整理、运用信息的能力，让孩子从学会观察、采编开始，到后来能够独立写作。"学校领导的远见卓识、鼎力支持，是陈高前行的动力。

一石激起千层浪，陈高老师的创意得到了语文组团队的一直认可。没有可以借鉴的经验，没有专门的教材，语文科研团队的教师们"摸着石头过河"，将"史家传媒"做成一个课题，用行动研究的方法展开了研究。无论是设置课程、选择主题，还是聘请外面的专家，都是经过语文科研团队的反复讨论后确定的，整个过程中，教师都在不断地研究、不断地创新、不断地反思、不断地调整。实践给了教师更多的研究灵感，例如陈高老师在旁听中国传媒大学广播电视新闻学在读硕士研究生强夏甜老师的课时，发现强夏甜老师能够迅速抓住学生的吸引力，将新闻学的理论说得生动有趣，这就让陈高老师敏锐地发现，"有意思"和"有意义"也是值得研究的一个点。

有了兴趣点的引领，孩子们自我提升得非常快。传媒课开设了一个学期后，学生们的写作能力完全改变了，知道必须写自己亲身经历的事情。语文组教师们都明显感觉到孩子们的视野开阔了，知识面也丰富了很多。"学生们很期待上传媒课。史家传媒培养学生兴趣的同时，还改变了学生原有的自我认识，让他们变得自信乐观了。这对提升教师的认识，转变观念也有积极意义。教师需要静下心来，因着孩子的需要而实施教育。"王静说。

语文科研团队在不断反思中寻找到了语文教育发展的特色之路，也在不断反思、研究中，逐步探索出"史家传媒"的运作模式。可以说，研究让语文组的教师们实现了创新、改变了教育现状，而实践也帮助教师们找到了研究的动力和研究的新思路。

第3节　英语科研团队：教学方法的改进

英语科研团队是一个严谨踏实的团队，从《课堂教学中小组合作学习的研究》到《阅读指导策略对小学高年级英语水平提高的实验研究》，教师一直致力于通过科研找到改进教学方法的有效途径。"十二五"期间，英语组主任寿小曼老师在专家的指导下，根据英语学科的特点，用"实验研究"的方法研究小学英语的阅读指导策略。这在小学教师的科研发展中是重要的一笔，因为小学教师承担的科研课题，所用的研究方法大多是"实践研究"和"行动研究"，采用"实践研究"需要严格的实验设计，更深厚的理论基础以及更强的科研能力。

寿小曼老师主持的北京市课题《阅读指导策略对小学高年级英语水平提高的实验研究》，以第二语言学习理论、学习策略理论为指导，设计"实验组、对照组前测；实验组干预；实验组、对照组后测"的研究方案，通过有目的地操纵阅读材料与阅读策略指导等教育因素或教育条件，观察教育措施与教育效果之间的因果关系，从中探索具体阅读策略对学生英语的阅读影响。在这个过程中，英语组的教师们在科研中体会了艰辛，也在艰辛中感受了超越自我的喜悦。

课题研究是一项长期的、复杂的、艰苦的、智慧的劳动，对于一边从事教学工作，一边开展科研的教师来说，他们要花费的心血更多，耗费的时间更长，投入的精力更多。科研要求教师随时学习吸收先进的理论，随时关注研究网站，开展教学研讨。英语组是一个严谨的科研团队，一个看似简单的开题报告，里面的每一个词、每一个句子都是教师在查询了大量的资料、反复斟酌后确定的。科研的过程中，不断会有新的问题出现，英语组的教师们会通过组织理论学习、定期交流会及时充电和学习。细心的教师们会留下相应的第一手材料及时总结，认真做好资料的收集和整理工作。

在英语组的科研团队里，教师们形成了和谐的科研氛围，大家一起努力实现在学术上广开言路，在事业上相互帮助，在生活上彼此关心，在工作上无私支持，形成良好的研究环境、和谐的人文环境、舒心的工作环境。教师们利用课余时间扎扎实实、实实在在、尽心尽责地开展研究工作，从思想上、知识上和方法上都获得了成长和超越。史家小学英语组的金琳老师说："科研是很过瘾的！你会发现自己在进步，在和同伴一起进步。科研做得多了，就会接触到更多的同伴，比如我就加入了一些科研QQ群与其交流等等，很多你想关注的事情，可能会有热心的群友已经搜集好相关的信息放在群共享里面供其下载，自己也会常常分享一些自己觉得有用的东西。"

在科研的道路上，英语组团队也许不是开展得最早的，但是他们有自己的想法，有扎实的行动，还有和谐共进的团队精神，他们不断追寻改进学生学习方法的途径，他们在科研中探索以实现自我超越，以自己的进步带动学生的进步！

第4节　品社品生科研团队：个性化作业

品社品生科研团队是一个有创意的团队。在郭志滨老师的带领下，教师们给学生布置个性化作业，开放学生作业的形式，获得了意外的收获。

个性化作业是一种区别于其他作业的学生任务，它不像"功课"那样让学生把所学的知识进行简单的重复和练习，更多的是激发学生的创造性，进行有创意的完成某一个主题的学习任务，使学生培养自主学习的过程。这是史家小学品社品生的教师们一直在尝试的一种作业形式。个性化作业集趣味性、自主性和探索性为一体，是在尊重学生个别差异的基础上，对品社和品生课程作业形式进行的一种大胆的尝试和有效的变革。课堂上一个成功的个性化作业设计,不仅可以唤起学生潜在的学习愿望,充分挖掘他们的学习潜能,还能够丰富课堂教学资源,有助于教师和学生更加深刻的感悟和理解教材内容。

通过在品社品生课题推广采用个性化作业,教师收获了很多的惊喜和感动。郭志滨老师在《个性化作业给我带来的震撼》一文中就说到:"在讲完《世界大战带来的灾难》一课后,我布置了一个完成一项体现和平作品的作业,形式不限,可以是文章、绘画、诗歌、手工作品、电子小课件……当作业收上来之后,其中有一份学生作品令我震撼不已。有一个小姑娘以一个在伊拉克战场上牺牲的美国士兵的母亲的身份撰写了一篇呼唤和平的文章,如此特殊的视角是我没有想到的,可能也是很多人都没有想到的!文体选用了书信的格式,是一个妈妈写给自己死去的儿子的一封信。"王丹老师说:"在讲三年级教材《社会大家庭》时,我给学生布置了个性化作业,让学生自愿分组,采访学校工作人员,如食堂师傅、班车司机、会计室老师、油印室老师、维修的师傅、医务室老师等。当学生小组汇报作业成果时,学生为油印室老师一个月要油印整理2万份卷子而惊讶,表示要认真对待发下来的每一张卷子,为医务室老师每个月要处理4000多起小事故而感到在学校注意安全的重要性,为维修师傅不计其数地修理损坏的桌椅、门窗的繁重的工作而表示要爱护学校的设施设备……我听到学生的采访汇报也感动震惊,从没想到这些在教育二线上默默支持教师的工人师傅们,工作量如此之大。看到学生们不时发出感叹的声音,敬佩尊敬之心化成语言,成为行动,我感到深深的欣慰。"

现在,品社品生课的教师们已经习惯采用这种方式布置作业。对学生来说,个性化作业能够激发学生学习兴趣、发展学生的各种潜能、培养学生的创新精神和合作精神。对教师来说,个性化作业有利于教师深入解读教材、提高教学水平。

经过长时间的积累，品社品生团队积累了大量的个性化作业资料，也在不断反思、讨论中寻找进一步完善个性化作业的方法。"十二五"期间，品社品生团队成功申请了北京市课题《小学品德与社会课个性化学生作品设计指导的行动研究》，由郭志滨老师担任主持人，品社品生团队共同开展研究。研究的目的在于通过品德与社会学科个性化学生作品设计的研究，促使教师专业水平不断提高，培养学生自主创新、信息搜集处理、解决问题、总结分析和写作的能力，在充分尊重学生个体差异的基础上发现和培养出优秀的学科人才。从理论价值来说，对"个性化作业"进行系统的再思考，能够帮助它转变成一种教学理论，丰富品社品生学科的教学理论和学习理论；从实践价值来说，总结和梳理设计个性化作品的方法，根据现有的教材内容设计出具有特色的、可供广大学科教师借鉴的个性化作品方案。能够帮助教师探寻出个性化作品的种类，为今后的多样化教学服务。

从"个性化作业"这个创意开始，史家小学品社和品生团队开始了他们的探索之路、研究之路。

第5节　艺术和科技科研团队：培养学生特长之路

艺术与科技科研团队是一个充满活力的团队。史家小学的艺术与科技学科一直是学校的特色，教师队伍实力强，学校硬件设施完备，社会资源丰富。在教师的挖掘和培养下，从20世纪90年代开始，学校就开始探索如何更好地在科任课中尊重学生个性发展、深度挖掘学生潜能、培养全面发展学有所长的学生。在保证普及的基础上，史家小学的艺术与科技教育活动力求创新，具有特色。

不同于语文、数学和英语学科，艺术与科技学科的教学内容没有相对客观的评价标准。英语学科可以测试学生对单词、对语法的掌握；语文学科可以测试学生掌握的生字数、阅读理解能力；数学学科可以测试学生会不会做题；艺术与科技学科学生掌握教学内容的程度比较难于用考试的方式去衡量，但史家小学并没有就此放弃培养学生的科学兴趣和艺术特长。史家小学的领导也一直没有放弃探索如何建设一支高水平的艺术与科技学科教师队伍，以此提升教学质量。卓立校长提出"一切为了孩子，为了孩子的一切"，学校希望每一位从史家小学毕业的孩子都有一两项特长。为此，史家小学艺术与科技研究团队进行了不懈的探索。

在不断积累"了解潜质、激发兴趣、培养特长"实践经验的基础上，通过专家的指导，教师们开始认真学习儿童心理发展理论、教育理论和学习理论，探讨如何更科学、更有效地在艺术与科技教学中培养学生的特长。

爱因斯坦说过："兴趣是最好的老师，真正有价值的东西是从人们的爱与热忱产生。"我国古代教育家孔子也说过："知之者不如好知者，好知者不如乐知者。""乐知"对于小学生来说，尤为重要。学生只有特别喜欢，才能克服种种困难，真正在某些方面学有所长。为了探索如何引起学生的兴趣，科学和艺术组的教师们进行了"师生关系与小学生美术学习兴趣的研究""回归童心的儿童艺术教育""科技课培养小学生创造力的研究"等专题研究。

音乐组的教师们常常根据儿童的特点，设计生动有趣的课堂。范汝梅老师曾经与美术老师联手教学生学习我国的国粹京剧，让学生分成5个组分别研究京剧的行当"生、旦、净、末、丑"，让孩子们研究各自的行当，比着看哪个组研究出的成果出色，范老师带着孩子们听京剧、跟孩子们一起学京剧，孩子们在搜集资料、模仿学习中表现出了极大的热情，课上的表演让听课的教师都大为惊讶！形体课的谷莉老师还曾经从男生的身心特点出发，研究适合男生习舞的教学内容和教学方法，得出结论认为男女生分班习舞、配备男教师教男生习舞能够帮助更多的男生解放肢体、解放思想，在拥有矫健的舞步、挺拔身姿的同时，学会善于表达情感，提高自控能力。

美术和书法教师们用文化魅力吸引学生。美术教师张跃东曾经在美术课堂上用《弟子规》带领学生养成良好的行为习惯，如用"置冠服，有定位"来引导学生整体摆放美术学具和教材，用"读书法，有三到。心眼口，信皆要"引导学生在美术课堂上"会想""会看"和"会说"。正所谓播种行为，收获习惯，学生们在《弟子规》中蕴含的传统文化的牵引下，变得整洁有序、彬彬有礼、专注认真。书法教师陈庆红曾将古文字引入课堂，在课堂上与同学们一起讨论字形，进行思想碰撞，与同学们一起追根溯源，促进师生互动。在这样的课堂上，学生的思维变得活跃起来，学习书法技巧时也变得更加认真。

科技教师们用科学启发学生思维，用极大的耐心与细心去呵护、维持学生的创意和兴趣。例如在杨春娜老师的启发下，聂瑜同学就从"改变周围一些不方便的现象"的想法出发，确定了《关于道路雨水箅子的改进》的课题，杨春娜用每周一次的讨论、100多封邮件和几十次的电话的交流帮助她深入研究，最终聂瑜同学在"2012年北京市金鹏科技论坛"活动中获得一等奖，在创新大赛小发明项目中荣获一等奖，并取得国家专利。

可以说，在培养学生特长的道路上，史家小学的科任教师们已经走了很远，积累了丰富的实践经验。在实践的基础上，"十二五"期间，学校主管科学和艺术学科的副校长范汝梅老师带领大家申请了北京市市级课题——《依托社团建设培养艺术特长生途径的行动研究》，目的是站在一个更高的角度，对现有的经验进行一个系统化的反思，将经验升华成系统的思想和理论，促进艺术、科技社团的可持续、健康的发展，把培养学生特长做得更好、更有实效。

第6节　德育科研团队：依托"阳光公益社"

德育科研团队是一个充满爱、光明和责任感的团队。史家小学有重视德育的传统，进入21世纪，基于"一切为了孩子，一切为了明天"的和谐教育理念，史家小学将"德育为先"作为拓展国际化视野、建设世界一流学校的战略选择。

通过参加公益活动对学生进行品德教育，是史家小学德育的传统。德育团队的教师们定期组织学生去敬老院、孤儿院、福利院、关爱学校等机构从事公益活动，无论是在汶川地震、玉树地震中，学生们都积极开展了公益行动。每一位学生背后都有一个家庭，而家庭是社会的细胞，学生做公益，既培养了学生的公民人格和社会责任感，也能够带动家庭、带动社会，形成更大的影响。2010年6月1日，在洪伟书记、张婉主任和张均帅老师的积极推动下，在全体德育教师的共同参与下，史家小学成立了我国第一个小学公益社团组织——史家胡同小学"阳光公益社"（中国社会工作者协会批准，北京市民政局备案），为史家小学的德育搭建了一个更高的平台，也给教师们提出了更大的挑战——如何发挥学校的优质社会资源和家长资源，站在科学和战略的高度，通过"阳光公益社"培养小学生的品德行为。

在"阳光公益社"的支持下，教师与家长联合起来，带着学生一起献爱心、做环保，用多种多样的方式践行公益。如邀请全国博物馆十佳义务讲解员朋朋为孩子们每月参观一个博物馆做义务讲解员，让孩子们在享受公益的过程中学会了奉献，学生们自主地通过做博物馆义务讲解员、科技馆义务向导员、为山区捐款等方式做公益；王连茜老师与学生家长一起带着孩子们去郊区种树；杨奕老师与家长一起带着孩子们去甘肃碌曲开展助学活动；王珊老师与家长一起带着孩子们去为山区的孩子买文具并寄到他们手中；刘丹老师与家长合作组织学生做爱心义卖会、去瑞金义务收莲子、到"太阳村"献爱心；汪卉老师通过学生家长了解到中国教育电视台（纪录片栏目）对四川凉山州贫困学生的援助活动之后，与学生家长、电视台合作，组织孩子们观看纪录片、为他们捐东西、与贫困学生们写信等等，汪卉老师写到："之后的一段时间里，我发现孩子们真的变了。我们没有小评比，没有监督员，可是我们的餐盘都没有了米饭粒，同学们暗中比赛，看谁吃得干净。大家将捡到的、无人认领的文具收集起来一起继续用。班里有同学身体不舒服，一定会有同学主动陪他去医务室。东西坏了不急着扔，他们会先问问我能不能修。这些变化每天都在发生。"

科研对教师来说，最大的作用就在于帮助教师通过反思实践，获得对实践的更加全面、系统的认识，并用这种认识去指导未来的实践。史家小学德育科研团队认识到了这一点。"十二五"期间，在洪伟书记的带领下，德育团队成功申请了北京市课题——《通过参加公益活动培养小学生品德行为的实践研究》，课题的重要目标之一就是研究如何将"阳光公益社"有效地运行下去，研究如何依托公益社更好地培养学生养成良好的品德行为。从理论价值来说，科研能够帮助德育科研团队的教师们掌握更多与德育培养相关的教育学、心理学理论，如主体性理论、自我教育理论、德育生活化理论等。同时，史家小学的实践经验，经过反思总结，还能成为对这些理论的实证依据，为这些理论提供补充。从实践价值来说，对小学公益社团的运行机制和管理方式的研究，对通过公益社团培养小学生品德行为途径的探索，对将公益活动纳入"品德与生活""品德与社会"校本课程本的课程开发研究，以及对小学生参加社会公益活动的研究都将为"德育生活化"做有益的探索，总结出史家小学多年的德育教育经验，提炼精华，实现传承，帮助德育教师团队找到史家小学德育教育的未来发展的方向。

在洪伟书记的领导下，德育科研团队从全员参与德育的"大德育观"的思想出发，整合德育处、少先队、"品德与社会""品德与生活"教师及班主任的力量，依托"阳光公益社"，开始了他们探索优化学生品德行为的新旅程。

附录 1

小学实施和谐教育的途径和方法的研究
结题报告[①]

北京市东城区史家小学　执笔人　陈凤伟

2010 年 12 月

一、引言

和谐教育是史家小学牢固树立的办学理念和多年探索的办学特色。它是以科学理论为指导，以社会发展需求与人的自身发展需求相和谐为宗旨，协调并整体优化各种教育因素，创设和谐的育人氛围，使受教育者在德智体美劳诸多方面得到全面和谐发展。它是实施素质教育的一种教育模式。

（一）课题研究的背景

胡锦涛总书记于 2005 年 2 月 19 日在中共中央举办的省部级主要领导干部构建社会主义和谐社会能力专题研讨班开班重要讲话中，提出创建"和谐社会"思想，强调"我们所要强调建设的社会主义和谐社会，应该是民主法治、公平正义、诚信友爱、充满活力、安定有序、人与自然和谐相处的社会"。

"和谐"是中央肯定的治国大略，是深化素质教育的指导纲领。早在 1991 年，史家小学即提出了和谐教育的办学思想。和谐教育是史家小学坚

[①] 北京市教育学会"十一五"课题"小学实施和谐教育的途径和方法的研究"结题报告（节选）。

持了 19 年的办学特色，是史家小学的生命线，是被实践证明了的正确的办学理念。经过"十一五"课题的系统研究，在理论层面上形成了史家小学的办学思想，在实践层面上形成了史家小学的办学特色。

（二）提出研究的问题

和谐教育是创设和谐的环境，协调各种教育力量，优化配置各种教学资源，以教学为中心，以实现人的全面、和谐发展为终极目标的教育思想。其体现出公平、公正、公开，体现在教育者、被教育者、家长、学校、政府和社会之间的相互支持、相互修正、共同追求和共同发展上。

和谐教育的宗旨是用和谐的方法培养人，培养和谐发展的人，培养善于和别人和谐相处的人。和谐教育就是要使学生的思想素质、文化素质、身体素质、心理素质都得到发展。和谐教育的目标是培养学生具有优良的品德、灵活的知识、创造的能力、文雅的举止、健康的心理、健壮的体魄。和谐教育有利于全面提高孩子的素养，有利于孩子的身心健康，有利于提高教育教学的效率和效益。如何更有效地实施和谐教育，需要进一步从途径和方法上进行探索，使这一科学的育人模式具有可操作性、引领性和示范性。

二、过程

（一）课题研究的目的

创建和谐的育人环境，用和谐的思想影响人，用和谐的方法培养人，培养和谐发展的人（包括教师和学生的和谐发展），办人民满意的教育，让家长放心地把孩子和孩子的未来托付给史家小学。具体目标如下：

（1）管理制度——制定保障和谐教育的学校管理规章制度。

（2）教师队伍建设——一方面促进教师的和谐发展，另一方面使教师能够促进学生的和谐发展。

（3）班级建设——建设和谐的班级管理和班级文化，促进学生和谐发展。

（4）课程建设——在课程建设和课堂教育中创造性地实施和谐教育。

（5）网络与社区环境建设——探索和谐社区和学区的有效途径。

（6）后勤保障系统——和谐的校园文化建设，有效资源的利用。

（二）课题研究的意义

通过本课题的研究，进一步探索和谐教育实施的途径和方法，把和谐教育的理念内化为教师的教育教学行为，使全体教师在工作中创造性地实施和谐教育，提升史家小学和谐教育办学特色的品质，在小学教育领域实践并创新中央提出的构建和谐社会的思想，使之成为小学实施和谐教育的范本。

1. 理论意义

丰富了和谐教育的思想，追求公平、法治、诚信、人文和科学的精神，以社会发展需求和人的自身发展需求相和谐为宗旨，协调并优化各种教育因素，创设和谐的育人氛围，获得整体效应，提高教学素质，培养和谐发展的人才。

提出了"五个和谐"：人与社会的和谐，人与人的和谐，人与知识的和谐，人与自身的和谐，人与自然的和谐。

2. 现实意义

本课题的研究，已经将和谐教育的理念具体化，成为可操作的方法，达到真正和谐的教育，使学校教育真正成为和谐社会的一个重要组成部分。

通过对和谐理念下的学校建设与管理、教师队伍的建设、学生发展、学校与社会发展的和谐统一的问题的研究，构建了实施的有效途径和方法，为构建学校的和谐发展规划了具有可操作性的实施策略。

三、课题研究的内容

在学校管理制度、课题建设、教师队伍建设、班级建设、网络环境建设以及后勤保障系统的建设等方面开展研究，建立人与人、人与知识、人与环境、人与社会的和谐。

通过对学校现行管理模式的研究，完善学校的管理模式，建构"和谐教育"的学校管理体系。

构建"和谐教育"模式的教师队伍建设。研究领导之间、干群之间、教师之间、师生之间、生生之间、学生和家长之间、教师与家长之间的关系。

构建教师学习型组织建设，教师队伍的建设等问题的研究，形成"和谐教育"的教师可持续发展的途径与有效方法。

研究教学质量与学生能力的培养关系，通过课堂教学设计、课堂教学实施、课内与课外的有机补充的问题，构建和谐的人与知识的有效方法的策略。

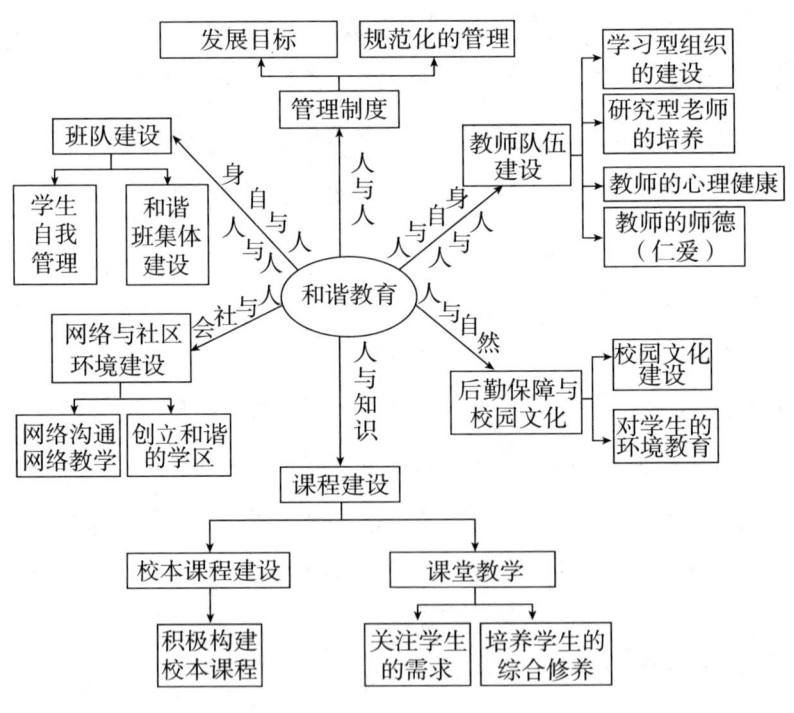

附图1.1 和谐教育理念架构

四、课题研究的经历和成果

课题研究经历了三年半，即 2006~2009 年底，形成的成果有：《和谐教育——教育叙事》《和谐教育——课堂教学设计》《和谐教育——教师团队建设》《和谐教育——学生德育活动》《和谐教育——校园文化建设》《和谐教育——学校校本课程教材教师读本》。

五、研究的方法

本课题主要采用行动研究法、教育经验总结法和个案研究法。

1. 行动研究法

行动研究是由社会情境（包括教育情境）的参与者为提高对所从事的社会或教育实践的理性认识，为加深对实践活动及其依赖的背景的理解所进行的反思研究。以提高行动质量，改进实际工作为首要目标；强调研究过程与行动相结合，以及研究者与实践者的相互结合。包括计划、行动、观察及反思等过程。

2. 教育教学经验总结法

教育教学经验总结法是一种专题性的经验总结方法，它具有追因研究、实用性、适用性等特点。经验总结法的实验步骤是确定专题、拟定提纲、收集资料、分析资料、文字表述、修改定稿。总结经验遵循的原则有应用性原则、创造性原则、科学性原则。

3. 个案研究法

个案研究法就是对单一的研究对象进行深入而具体的研究方法。个案研究的对象可以是个人，也可以是个别团体或机构。前者如对一个或少数几个学生进行个案分析，后者如对某先进班级或学校进行个案研究。个案研究不仅停留在对个案的研究和认识的水平上，而且需要认识教育与发展之间的因果关系，提出一些积极的教育对策，以便因材施教。

六、课题研究的结果与分析

（一）形成了系统科学的"和谐教育"理论体系

（1）"和谐教育"的再次界定："和谐教育"就是以科学理论为指导，以社会发展需求与人的自身发展需求相和谐为宗旨，协调并整体优化各种教育因素，创设和谐的育人氛围，使受教育者在德智体美劳诸方面得到全面的和谐发展。它是实施素质教育的一种教育模式。

（2）和谐教育的方向：用和谐的方法培养人，培养和谐发展的人，培养善于和别人和谐相处的人。

（3）和谐教育的培养目标：使学生具有优良的品德、灵活的知识、创造的能力、文雅的举止、健康的心理、健壮的体魄。

（4）和谐教育的实施原则：激励原则、民主原则、内化原则、协同原则。

（5）和谐教育的实施途径：五个和谐，即人与人的和谐、人与知识的和谐、人与自身的和谐、人与社会的和谐、人与自然的和谐。

由此，"和谐教育"形成了一个完整、科学的教育理论体系。

（二）在教学工作中实施和谐教育

和谐的课堂氛围，能促进孩子智力的发展、知识的掌握和能力的提高。在和谐的课题氛围中，孩子的思维处于积极的状态，情绪是高涨的，思维是活跃的。怎样才能创设和谐的课堂氛围呢？

1. 精心选择教学内容

（1）选择有利于激发学生情感投入的内容。

（2）挑选有利于激发学生好奇心的内容。

（3）内容分量要适度。

2. 精心设计教学过程

（1）教学过程力求符合学生的认知规律——一切和谐的事物都是符合客观规律的，这就是顺其自然。教学过程只有按照小学生年龄段的心理、生理特点来设计，才符合孩子的认知规律，才能真正达到教学目的。

（2）注意调动学生多感官参与教学活动。

（3）设问难易适中，注意"愤"启"悱"发。

3. 营造和谐温馨的气氛

（1）融洽的师生关系。教育家夏丏尊先生说得好："教育之没有情感，没有爱，如同池塘里没有水一样；没有水就不能成为池塘，没有情感，没有爱，也就没有教育。"感情是教学的催化剂。教师们要注重用各种方式与学生联络感情。

（2）运用"正强化"原则妥善处理突发事件。"正强化"是心理行为训练的一种手段，指的是个体在某一情境下的行为因获得满意的结果而得到强化的过程。运用正强化原则，可以有效进行儿童行为的塑造与矫正。在课堂教学中，可以用来培养学生良好的学习习惯，妥善处理突发事件，创造和谐的学习气氛。

（3）情感流与信息流的交融（情景教学）。学生在愉悦的情绪情感的心理体验中，才能更有效地发展思维，获取知识，形成能力，接受教育，促成内因的变化。教学中，教师要有意创造适宜的情境。

（4）运用"无错原则"激励学生参与。"无错原则"指的就是"无责怪原则"，这是教师教学思想、教学做法、教学技巧的一种独特表现。运用"无错原则"激励学生，可以巧妙地为学生创造一种兴奋的心态和强烈的氛围，从而诱发其内部的"能源"，最大限度地调动和发挥他们的积极性、主动性，提高教学效果。教师要满腔热情地激励学生前进，史家小学提出要"不让一个起来发言的学生带着遗憾坐下"。

（5）课堂教学要面向全体学生。体现在教学过程中，课堂设计要统观全局，有梯度、有层次，在引入新知识、设问、巩固练习作业指导等方面，都注意考虑到好、中、差，让尖子生能吃饱，后进生能跟上，即让尖子生学活，让后进生学会。

（6）鼓励生生互助。教师采用多种多样的方法鼓励学生之间互动，如被许多学科教学采用的分组自学的方法；鼓励学生质疑，同学之间自行答疑；学生回答问题有困难，请别的同学帮助等等。通过采用这些方法，同学们既学习了知识，也学习了交往，学习了互助，感受了同学间的友情。

4. 采用艺术的教学手段

教学既是一门科学，也是一门艺术，教学手段的艺术性越高，学生学习的兴趣越浓厚。史家小学的教师们运用多媒体技术等现代化教学手段进行教学，利用网络获取信息，调用课件，使重点突出，难点突破。

5. 探索灵活的教学方法

把培养能力、加强训练放在重要位置上。

6. 建立协同的教学环境

整体优化的重要依据是协同，这就要求各教育因素达到最协调的结合，这包括学校、家庭、社会三方面的配合，学校内部各部门、各学科协调一致、通力合作，和谐就是要使各种力量协调一致，起互补效应、相得益彰、相辅相成，形成整体优化的格局。

（1）多学科协同，如为配合一课书的教学、一篇作文的写作，语文、音乐、美术、自然等各科相互协同。

（2）课内外协同，包括强化课外阅读和日记、作文互动。

新教材每册仅有24篇课文，阅读量太小；现在学生课外阅读习惯不够理想，兴趣不高。要切实提高学生理解运用祖国语言文字的能力，必须从现状上有所突破。为此，史家小学语文课文阅读课题组在学生中开展了"增加阅读量—培养阅读兴趣—提高阅读能力"的研究。

而要提高小学生作文水平，仅凭几节作文课也是远远不够的，为此，史家小学的作文实验课题组开展了"日记、作文互动"的课题研究。

（三）在德育工作中实施和谐教育

有效的德育工作就是"润物细无声"的过程，是滋润孩子心田的艰巨工作。而和谐教育的实施正是达到这一目的的最佳手段。具体做法如下。

1. 通过丰富多彩的教育活动实施德育

寓德育教育于各项活动中能增强德育的实效性。只要这些活动是符合孩子年龄特点的，是有针对性、创造性和时代性的，就一定能达到教育目的。史家小学每学期的德育教育活动都有一个鲜明的主题，各班围绕这一主题开展多种多样的活动，如灯火晚会、六一游园、智力竞赛等等。这些活动符合孩子的心理和生理特点，有利于孩子们的个性发展和身心健康。孩子们被当作活动的主人，这充分调动了他们的积极性、主动性和创造性。

2. 在教学过程中渗透德育

德育贯穿在学校整体工作的各个方面，在课堂教学这一主渠道中，在传授知识、培养能力的同时，重视思想品德教育。一是利用教材本身的思想性进行教育。这个过程是渗透的过程。二是在课堂教学过程中，注意培养学生良好的行为习惯等非智力因素。

3. 采用和谐的教育手段实施德育

要提高德育工作的实效性，必须采用当代孩子喜闻乐见的形式，使孩子们乐于接受教育。史家小学设立了学生电视台，电视台在教师的辅导下，由孩子们担任台长、主持人、小记者、摄影师等。孩子们在工作中培养了责任感和各种能力。学生电视台常根据学校的中心教育活动组织节目，录制各班的活动，编辑成"班会集锦"播放给全校同学观看。

4. 创建和谐的校园环境

史家小学努力创设现代化的办学条件，创设现代化的育人设施，创设现代化的育人环境。设计新校舍时，就力图建设一个绿色校园、科技校园、艺术校园、和谐校园。新校舍突出"全面育人"的理念，便于学生在德智体美劳各方面得到全面的发展，各种专用教室、场地、场馆一应俱全；突出"服务"的思想，以人为本，应尽可能周到地安排好服务的设施；突出"和谐"的思想，校园美丽、色调和谐、有儿童特色，在保证建筑用房的前提下，尽可能地绿化、美化。

5. 在和谐的人际关系中实施德育

史家小学和谐融洽的教师集体与民主平等的师生关系，都是实施和谐教育的前提和基础。史家小学提倡教师要热爱学生，坚定为学生服务的思想。要给后进生以特殊的爱，明确提出能教育好后进生的教师是好教师。要树立正确的人才观，认识到当今时代对人才的需求是全方位的、多角度的，提出要善于发现学生的"闪光点"，为每个孩子的成长铺平道路，创立适应儿童的教育，而不是让儿童适应的教育。在这样的师生关系中，孩子们在爱心的哺育下身心都得到了健康和谐的发展。

6. 重视学生心理素质的培养

和谐教育的最终目的是要全面地提高孩子的素质水平，这不仅包括思想素质、文化素质、身体素质，也应包括心理素质。为提高教师们在这方面的教育水平，史家小学几次请心理学专家来讲课，组织教师学习有关理论。还请专家给家长们上课。学校创办了全校教师、学生、家长人手一册的《童心校刊》，内设"敬业篇""和谐篇""休闲篇""心理咨询""教师工作笔谈""学生作品选登""反射镜"等栏目，全面反映学校生活；家长可以随时随地拨通电话，收听孩子在校学习的情况；建立了旨在化解学生心理障碍的心理咨询室及挂在心理咨询室门外的"童心信箱"，学生随时把自己的疑惑、烦恼、痛苦、欢乐。以及心中的秘密写在纸上，投入信箱，心理课题组每周定时开箱，以不同方式与孩子们沟通；各班自办了班级小报，"小苗""小木桥""幼芽""浪花"……以及展示孩子们各方面创造才能的学校少年队队报"小螺号"，校园里外语、书法、美术、科技等专科橱窗，形成了和谐、完善的宣传教育网络。

7. 建立和谐的家庭教育

和谐教育不仅在校内要认真实施，为了促使家庭教育和学校教育的一致性，史家小学建立了家长委员会，每学期召开一次专题家长会，宣传和促进家庭教育的和谐化。学校努力引导家长做到以下几点。

（1）创设和谐温馨的家庭环境教育。在家中要创设有利于孩子成长的养育环境，注意协调家庭内部的关系，统一意见，使教育方式方法一致，家长要在繁忙的工作生活状况中给自己的孩子留下一片绿荫，要每天抽出时间来关心孩子的成长，每天坐下来和孩子谈几分钟话。

（2）建立民主平等的亲情关系。家长要尊重孩子，倾听他们的呼声，改变传统的封建家长式的管教方式，以身作则，以理服人，要把孩子的缺点看成是自己教育的失误，要善于在孩子身上找到自己教育的经验和教训。切不可高兴的时候娇惯、放纵，孩子有了问题，犯了错误就采取打、压、吓的简单方法。

（3）坚持正面教育，讲究教育艺术。要净化家庭教育环境，使家庭成为教育的一片净土，不要使社会的一些不良习气、市侩的生活方式等侵蚀家庭教育。讲究教育的艺术性，因势利导，如果孩子是优秀儿童，则应注意他们的全面发展与特长培养；如果孩子是优良儿童则应注意他的个性发展，不要盲目攀比；如果孩子是问题儿童则更应注意科学教养，多采用正面鼓励的方法，点滴积累，持之以恒。

总之，对家长和谐教育的期望是：严慈相济，以身作则；养教结合，精心雕塑；循循善诱，平等相待；和谐温馨，持之以恒。

（四）在学校管理中实施和谐教育

和谐在管理中的体现在于协调人际关系，解决人与人之间的矛盾，使无谓的内耗降低到最低程度，从而产生一种内聚效应，以群体合力应对外部竞争，对内取得最佳效益，提高教育质量。

1. 明确办学思想，统一教师意志

"一切为了孩子，一切为了明天"，史家小学的办学宗旨是"三全、三爱、三服务"，即是学生德智体美劳全面发展、面向全体学生、对学生全面负责，爱事业、爱学校、爱学生，为学生服务、为家长服务、为社会服务，办学特色是"和谐教育"。要达到学校管理的和谐，关键是把学校的办学思想"内化"为教师的意愿，成为教师们自觉的行动。领导和教师共同确定目标，制定方针，安排计划，认真执行，严格检查，评估成果。根据史家小学的实际情况，研究提出了十六字精神，这就是"更新观念，整体优化，严谨求实，争创一流"。一个学校不可能人人都是全市、全国最优的，但是如果能形成最和谐的组合，每个人的积极性都能充分地调动起来，这个集体就可能是最优的。

史家小学重视教育思想上的目标管理，每学期都从不同角度、不同层次提出努力的方向，坚持正面教育，循循善诱，对学生多一分理解和宽容。教师要有爱心、童心和耐心，人在心在，人在业在，人在情在，眼睛向内，苦练内功，提高我们的思想和业务水平，并做到"三严三高"，即要有严密细致的工作计划、严肃认真的工作态度、严谨求实的工作作风，达到工作上的高标准、高质量、高效益。青年教师树立"四心"，即：思想上有上进心、工作上有事业心、学习上要虚心、生活上要有责任心。大力宣传春蚕精神、红烛精神、奉献精神。鼓励教师成才、成家，把学生培养成"爱学、会学、活学"的主动型学生，使教师成为"爱教、乐教、善教"的学者型教师，学校"和谐教育"的办学思想已深入人心,在教师的中间形成共识,形成合力。

2. 健全管理体制,提高管理效能

和谐的学校管理体制就像一架机器,主机一转,各个零件都动起来,协同工作,才能把各方面的工作做好。和谐的管理体制包括领导班子管理、教学工作管理、教育工作管理、教师工作管理这四个方面。

在领导班子中实行的是统一步调,分工协作,各司其职,各负其责的体制,充分发挥每个班子成员的积极性和责任心,拉同一套马车,朝同一方向前进。

在教学管理上实行的是严格制度,认真把关,提高效率,鼓励创新。和谐管理并不等于不要严格的制度,相反,只有制度严格了,大家都有章可循,是非清楚,相互制约,相互衔接才能更加和谐。要向管理要教学质量,要把好每个年段的教学质量关,严格考查,严格验收,不要等到临毕业了再算总账。教学管理上的和谐还要特别注意提倡教学研究,鼓励教师有自己的教学风格和教学特色,促进教学科研、改进教学方法。

在教育管理上发挥群体效益,注重校风传统,改革德育手段,提倡生动活泼。一是领导德育工作,二是开展德育科研。

(五)锻造和谐发展的教师团队

对教师的管理要在教风上强调师德,在管理上严格制度,在培养上形成梯队,在生活上关怀照顾。和谐的教师队伍才能带出和谐的校风,教师管理的核心是师德教育,教师爱业、乐业、敬业,才能形成和谐的教育环境。

和谐教育思想的内化光靠宣传和熏陶是不够的,还必须依托科研的理论升华和行政手段的强化。

教育观念的转变、新的教育思想的形成还必须通过广大教师参加科研学习并结合自己的实践,通过自己的思考、总结、升华才能完成,这是一个自己教育自己的内化过程。实现这一过程的最好形式就是组织广大教师参与以"实施和谐教育的探索"为主题的科研活动。

　　史家小学提出以和谐教育为办学特色后，就开始了这项科研课题研究，学校采用的是群体性行动实验研究的方法，每位教师结合自己岗位的工作实践不同程度地参与到课题中。每学期集中半天进行一次和谐教育的研讨会，每次分别由教育、教学有关部门主持，做主报告，然后挑选班级开展做课和队会活动，展示实施和谐教育的成果，还有几位教师作大会发言，交流各自实施和谐教育的经验，宣读有关实施和谐教育的论文，最后校长对一学期实施和谐教育的情况进行总结。每次研讨会都有不同的主题，例如：创设和谐的课堂氛围让学生做学习的小主人；创造适合儿童的教育，提高德育的实效性；"参与"是课堂教学之魂，构建和谐教育的课堂教学模式；重视学生非智力因素的培养；实施和谐教育推进素质教育等等。从1991年开始一直坚持到现在，已经召开了30届研讨会。

　　和谐教育的实施，不仅提高了教育教学质量，也促进了学校形成整体优化的教师集体。和谐教育的思想在教师中已经形成共识，转化为教师们的意愿，事事处处、言行举止都要考虑是否符合和谐教育的原则。全校干群之间、教师之间、师生之间，形成了强大的凝聚力。教师们在教育、教学、与人交往中考虑到如何做有利于和谐，当新来的教师对学生态度过于严厉或语言不够规范时，就会有人指出这不是和谐教育，当家长称赞教师们高尚的师德时，教师们会笑着解释："因为我们学校实施的是和谐教育。"和谐的思想已成为教师们的行为准则了。

七、对课题研究的讨论

1. 和谐教育的理念要内化为全体教师的意愿

　　一种办学思想，不能仅仅是校长的思想，必须成为全体教师的思想，才能真正实施，所以，我们特别重视把和谐教育的理念内化为教师们的意愿，使之成为自觉的实施者，成为创造性的实施者。只有这样，才能形成一种风气，这比行政命令还起作用。

2. 边实践边研究边总结

这十多年实施和谐教育的过程是一个一边实践一边研究一边总结的过程。在第一阶段，我们主要是努力形成一种和谐的氛围，达到干群、师生、教师之间人际关系的和谐，重视营造和谐的课堂氛围；第二阶段，我们着重研究在学科领域里实施和谐教育，在如何才能真正符合孩子的认知规律上下工夫，于是在各科教学上大力开展探究性学习，使史家小学的教学改革向前大大地跨了一步；第三阶段是对和谐教育理性思考，教师们教育理论的提高，大大地促进了和谐教育的实施，写出了大量的案例与论文。

3. 和谐教育的可操作性

从一开始，我们搞的就不是纯理论研究，特别强调应用性研究，因此我们非常重视操作层面。在实施和谐教育的初级阶段，我们提出的是"实施和谐教育的十要素"，提出一些具体要求，2003年2月，我们出版了《和谐教育实施手册》，在学校管理、教育教学、家校协作等方面提出了100条"遇到什么情况应该怎么办"的具体要求。这实际上也是对过去经验的总结，也为后来人制定了实施和谐教育的目标。

4. 建立多元主体学校评价体系

学校管理工作是运用现代教育评价的理论和方法，对学校管理工作的质量和效能进行全面、科学、客观的衡量并作出价值判断的过程。学校管理工作是教育评价的一个重要组成部分，认真研究这项评价的有关理论和方法，对促进学校教育改革和发展、提高学校管理水平是十分有益的。通过评价可以了解学校管理工作的实际情况，及时发现管理过程中存在的问题，通过反馈，使学校领导能够对学校管理工作进行及时、有效的调整与改进，引导广大教育工作者树立正确的教育质量观，端正办学方向，加强科学管理，深化教育改革，全面提高学生素质，使学校管理工作的水平不断提高，如果不能通过评价发现管理中的问题，促进工作的改进，那么评价也就失去了其应有的价值。

八、课题研究的自我评价

全面实施素质教育，培养创新人才是时代和社会发展赋予教育的新的历史使命。教育要发展，就要改革，就要实验。和谐教育，作为一种先进的教学理念和策略，博采古今众家之长，吸纳中外先哲之精华，形成了独特的教育思想，形成了以现代化教学手段为辅的一种先进教学新思路；形成了学生喜闻乐见、易于接受并有利于全面落实素质教育的新局面。

（1）对理念的认识有所突破。"和谐教育"催生了一个优秀的教师群体。

（2）"和谐教育"转变了教师教学理念，营造了民主、平等、和谐的课堂氛围，关注学生的需求，改变教师的教学行为。

（3）"和谐教育"使学生成为会问会学的人，给学生以主动探索、自主支配的时间和空间。

（4）搭建平台促进交流、对话与评价。我们学校创建了第一个网上视频家长会，每月一次的网上视频家长会深受家长们的喜爱，而学校网站上的留言板为学校与家长、教师与家长、教师与学生、教师之间又搭建了一个交流的平台。特别是面对突发事件，能有效应对。

（5）教师在教育理念和教学方式上，引导学生在"和谐"的平台上进行探究式学习，就是一个切实可行、行之有效的突破口。

（6）和谐教育为构建和谐社会作贡献。和谐教育的思想得到延伸，新校建成后，为教育资源得到共享，学校的各种场馆及图书馆阅览室向周边的兄弟学校和社区的学生开放。学校开展的各种教育教学活动也邀请周边的学校和本学区学校的教师参加，互相交流，共同进步。德育组的特级教师还到社区给家长做家教讲座。这一切，都为创建和谐的社区及和谐的社会作出贡献。

《探索和谐教育》一书中所提倡的和谐教育，已成为史家小学的办学模式，在这一办学思想的指导下，学校取得了骄人的成绩，赢得了社会上的一致赞许。学校先后多次被评为北京市教育科研先进集体；北京市课程改革先进单位；北京市语言文字规范化学校示范校；北京市中小学德育先进集体；北京市中小学信息化工作先进学校；北京市对外参观重点单位；东城区首届基础教育教学成果一等奖；东城区语言文字工作先进校；东城区教育系统新闻宣传工作先进集体标兵；全国古诗文经典诵读工程特色校；首届可持续发展教育国际论坛中国 EPD 教育经验交流展示评选一等奖、可持续发展教育国际论坛中国 EPD 教育成员校等多项成果。

教师们在课题研究实践中，教育、教学水平和科研的能力大幅度提升。全校共有 9 名市级骨干教师，18 名区级骨干教师，38 名校级骨干教师。教师们撰写的论文也屡屡获奖。学校先后出版了《和风细雨集》《美丽的教育》《史家小学和谐教育诗篇——教育科研》《史家小学和谐教育诗篇——教育教学叙事》《史家小学和谐教育诗篇——课堂教学设计》《史家小学和谐教育诗篇——德育论坛》及《和谐教育实施手册》。

近几年，教师们的论文获国家级、市级论文评选一等奖几十余篇。在东城区第 11 届、第 12 届、第 13 届、第 14 届、第 15 届科研论文评选中，史家小学都被评为科研先进单位，也被评为北京市科研先进学校。

中央电视台、北京电视台、教育台《人民日报》《光明日报》《中国教育报》《北京日报》《现代教育报》等新闻单位及许多杂志社都报道过史家小学的和谐教育。实施和谐教育使史家小学在社会上赢得了很高的声誉。

我们觉得我们的课题研究有价值，达到了预期目标。构建和谐社会关键是人，对人的素养的培养，我们的育人模式是奠基石，有引领的作用、具有可操作性。理论有深刻性、超前性、示范性。在实践中能做到知行合一，经过多层次、多角度的研究，成果丰富，课题是有价值的，既有理论的总结又有推广的价值。我们会继续进行深入研究，不断完善和谐教育，使史家小学成为中国小学教育中的楷模。

Appendix 附录 ❷

引领教师走进教科研
——突破小学教师从事教育科研的瓶颈[①]

北京市东城区史家小学　王文利

2011 年 1 月

教育科研是学校工作的一个重要组成部分。它为教育行政决策、学习型学校建设、教师专业成长和课程改革实施等发挥了很好的作用，也营造了注重学习、注重研究、尊重规律、崇尚科学的良好校园文化氛围。

教师是课程的资源，是教育活动得以产生实效的关键因素，也是学校教育尤为深刻的变革力量。教师的专业发展是学校教育质量持续提高的基本保证，更是学校教育内涵不断提升和学校可持续发展的动力。教师教育教学水平的提高靠科研引领，已经成为研究者和教育教学实践者的普遍共识。

在小学教育教学实践中，学校管理者如何对教师的教育科研给予引导与支持，使教育科研在教育教学中真正发挥作用，并且使教师在教育科研中实现专业成长，提高教育教学水平，成为史家小学深化和谐教育办学思想，提高学校管理水平的重要内容之一。为了解教师对教育科研的认识、需求困惑等问题，我深入访谈，结合日常的管理工作，对学校教师进行问卷调查，发现目前小学教师从事教育科研存在以下问题。

[①] 全国教育科学规划办"十一五"课题"培养小学研究型教师的行动研究"研究报告（节选）。

1. 没有时间从事教育科研

在被调查的54名小学教师中，有95%的教师认同教育科研是提升自己综合素养的前提，但是苦于没有时间参与。教师认为教研和教育教学工作已经占去了自己的大部分时间和精力，有的教师称自己甚至连看书看报的时间都没有；有80%以上的教师呼吁要在周工作时间内给他们一个或两个半日学习时间，专门用于学习、进修和研究。

2. 不知如何开展教育科研

在对57名教师进行的问卷调查中发现，92.98%的教师认为教育科研离他们较远。他们通常苦于不能确定有价值的研究问题，不知该从何做起，不会设计研究计划，不知如何进行科学的研究，不会总结分析研究结果等等。总之，许多教师没有掌握教育科研的方法。

3. 错误地认为教育科研就是撰写论文

在对小学教师进行深入访谈和实际的管理工作中，我发现：由于职称评定的导向作用，教师越来越重视自己业绩的积累，尤其是论文的获奖。由于从事教育科研需要花费大量的时间精力，有些教师没有在教育教学实践中踏踏实实地开展教育教学科研，而是到学期末集中看些资料，撰写几篇论文，认为拼的是写作水平、写作功底，将教育科研与撰写论文等同。这种现象严重地影响教师的科研能力的提高，进而影响了教师的专业化发展和教育教学水平的提高。

4. 盲目跟从，缺乏独立思考

有些教师工作很有热情，在教育科研方面也是热情高涨，什么课题研究都参加，只是别人做就跟着模仿，自己也不知要想些什么问题，要解决什么问题，样样都是一些皮毛，没有深入地就一个问题进行研究，没有对教育教学中的问题进行独立的思考，参与的许多研究都没有明显的成效或达到预期的目标，没有成就感和进步感，造成对教育科学失去信心，自己还觉得终日忙碌，教学、科研却没有显著的进步和提高。

为了突破小学教师参与教育科研的瓶颈，我们针对小学教师参与教育科研存在的问题，从教师的实际需求出发，引领教师走进教育科研，使教育科研成为教师一种有效的工作方式。通过有效的实践，在培养教师的科研意识与科研能力等方面进行了以下尝试，取得了初步成效。

一、建立评价、激励制度，促进教师参与教育科研

在教师的课题研究中，必须建立有效的激励机制。

学校制定教师的教科研评价量表（见附表2.1），对教师参与教科研的过程、程度进行有效评价，具体从教师参与学习、研究及成果等方面进行评价。每学期进行一次，采用的方法是在教师自评的基础上，根据量表的评价指标进行学校评价。自评的目的是使教师能够在自评中自我反思，自我调整。学校评价的目的在表扬优秀者，促进教师队伍的整体提升。在激励引导中，使教师真正走进教科研，学会用科学的态度和研究方法解决教育教学中的实际问题，成果较为显著。

附表2.1　　　　　　　　教师教科研评价量表

一级指标	二级指标	三级指标	评价标准	评价方法	评价工具	实施细则
科研	理论学习	网上论坛	1.按时参加网上论坛学习，能够针对学习内容，结合自己的教育教学实际，进行有效的反思，指导自己的教育教学工作，效果显著，即为优秀 2.能参加网上学习，能够针对学习内容，结合自己的教育教学实际，进行反思，指导自己的教育教学工作，有一定效果，即为合格	实际操作	网上论坛的质量和数量的反馈统计表（教师的回帖记录）	由教科室每周进行网上论坛的统计和质量的评定

续表

一级指标	二级指标	三级指标	评价标准	评价方法	评价工具	实施细则
科研	理论学习	网上论坛	3.不能按时参加网上学习，不能针对学习内容，结合自己的教育教学实际，进行有效的反思，指导自己的教育教学工作，即为不合格			
		校本培训	1.积极参加学校组织的各项培训，能够针对培训的内容指导自己的教育教学实践，提高自身的素养，效果显著，即为优秀 2.按要求参加学校组织的各项培训，能够针对培训的内容改进自己的教育教学实践，自身素养有一定提高，即为合格 3.不能按要求参加学校组织的各项培训，不能针对培训的内容指导自己的教育教学实践，即为不合格	实践、活动、培训、课程开发	教师学习笔记和教师学习活动统计表	由教学处设计每学期校本培训的内容，检查教师学习笔记和学习效果。教务处统计教师参加校本培训的出勤
		自主学习	1.能够自觉主动地针对自己教育教学中的问题进行理论的学习，有一定的积累，使自己的教育教学行为得到有效改进和调整，效果显著，即为优秀 2.能够比较自觉主动地针对自己教育教学中的问题进行理论的学习和积累，使自己的教育教学行为得到一定的改进和调整，即为合格 3.不能自觉主动地针对自己教育教学中的问题进行理论的学习和积累，自己的教育教学行为不能得到有效改进和调整即为不合格	实际操作	教师学习笔记	每学期末教学处检查教师的学习笔记，评定等级，举办优秀笔记展览交流活动

续表

一级指标	二级指标	三级指标	评价标准	评价方法	评价工具	实施细则
科研	理论学习	课题研究的表现	1.积极参与课题研究，并在课题中起到示范引领的作用，能够针对研究内容进行有效实践，效果显著，即为优秀 2.能参与课题研究，并在课题中起到一定的作用，能够针对研究内容进行一定的实践，即为合格 3.有研究课题，但不能在课题中进行有效的研究，没有研究效果，即为不合格	实际操作和实验研究	课题活动的记录；教师个人研究档案	每学期末以课题为单位进行教师档案的交流和评选，由课题组长负责
		课题研究的效果	1.教师的理论水平和教学行为有综合提高，课题研究的效果显著；阶段总结、案例分析和论文能够反映一些真问题，具有研究交流的价值，在各级论文评选中取得较好的成绩，即为优秀 2.教师的理论水平和教学行为有一定提高，课题研究有一定的成果；阶段总结、案例分析和论文能够反映一些问题，具有一定的研究交流的价值，即为合格 3.教师的理论水平和教学行为没有显著提高，课题研究的结果效果一般；能够撰写案例分析和论文，但缺乏一定的推广价值，即为不合格			

二、引导教师养成学习和反思的习惯，为科研作准备

作为一名教师，学习应该成为终身的习惯。可是，在调查中发现，教师虽然对不断学习进修的要求呼声很高，但是，一些抱怨声也此起彼伏，教师

的工作压力越来越大,每天匆匆忙忙参加各种培训、学习,真正的效果又如何呢?为了使学习真正成为教育科研必要的准备,提升教师的理论水平,解决教师的实际需求,我们进行了以下几种方法的尝试。

1. 持之以恒进行网上学习

学校的信息技术发展较为迅速,教师们已经实现每人一台电脑,学校的每一个角落都可以做到随时上网。我们充分利用学校的信息资源,建立教师"学习论坛"。

"学习论坛"是以网上学习的形式呈现。为了解决教师们没有时间学习,没有时间找有效的学习内容等问题,我坚持每周为教师精选一篇学习文章。这篇文章主要是介绍教育教学改革的动态方向、教科研的有效方法、教师们教育教学中关注的研究课题等相关内容。这样做,解决了教师没有时间学习的困惑,他们可以根据自己的实际工作安排自己的学习,学习的内容又是经过精选,贴近教育教学的实际,关注到教师们的需求,解决了教师盲目学习浏览,浪费宝贵时间的问题。我们要求学习后,教师要在论坛上发表自己的学习感想或教育教学反思,将学习与自己的教育教学实际结合,同时,反思与感想也成为其他教师学习借鉴的资源。学校根据教师们的学习实效,定期评选学习之星,激励教师有效地学习。

一年多来,我先后向教师们推荐学习文章40余篇,如《有效教学的理念》《如何克服无效和低效的教学》《怎样从有效的教学走向优质的教学》等等,教师们在论坛上发布近5000条评论和反思。"学习论坛"记录了教师的学习收获、启示或反思,教师间相互交流,相互研讨,形成了浓厚的学习氛围。

通过调查问卷我们了解教师在"网上论坛"的学习情况,全校109名教师参与了调查,调查问卷试题目之一"学校网上论坛的学习,你觉得是否对自己有帮助"。统计结果见附表2.2。

附表 2.2　"网上论坛的学习，对教师是否有帮助"统计结果

选项	很大	较大	一般	较少	没帮助
人数（人）	71	25	13	0	0
百分比（%）	65	22.9	1.93	0	0

从附表2.2可看出，网上学习论坛的方式是被教师们所认可的，这种学习方式灵活，学习时间机动，学习内容正是教师们所关注的，能够给教师们带来很大启示，具有实效性。另外，学校还注重为教师们搭建交流、反思的平台，通过有效的评价激励，促进了教师们的有效学习。

2. 重视图书馆资料室的建设

经过调研，发现教师需要的专业书籍、刊物上百种，学校根据教师的实际需求和专业发展的需要，为教师配足配齐各种专业书刊，为教师订阅了龙源期刊网，每个教师拥有一个上网密码，教师能在网上浏览800种各类杂志、期刊，并且实现教师不受任何限制，可以在学校或家中随时上网学习。图书馆、资料室、网上期刊是教师们获取信息的主要渠道。

3. 开阔视野，拓宽交流，分享成果

学校每两年要求教师外出学习培训一次，开阔视野，这是促进教师成长的一条较好的途径。教师们通过外出学习参观，用自己的眼睛去观察、去发现，用自己的思维方式去思考，了解教育界的同行们在关注什么……这些对教师的研究思路、研究意识等方面都有很大的帮助。

学习参观后有一个重要的任务就是与大家分享。利用全校教师大会总结汇报、交流分享。通过教师们走出去，亲身体验，了解各地课改的经验，发现问题，在学习交流中改进自己的教育教学方法和手段。附表2.3是调查学校109位教师对"外出学习培训对你日常的教育教学工作的帮助程度"的统计结果。

附表 2.3 "外出学习培训对日常的教育教学工作的帮助程度"的统计结果

选项	很有帮助	较有帮助	一般	没有帮助	耽误时间
人数（人）	82	26	1	0	0
百分比（%）	75.2	23.8	0.9	0	0

教师最为喜欢这种学习方式，认为这样的培训最具实效性。但是外出学习参观也要做好周密的计划，目的性要强。

总之，学习是为了更新教师的观念，观念是改革的先导，一切先进的改革都是从先进的观念中萌生发展出来的。观念是行动的灵魂，观念对行动起着指导和统帅作用。有效的学习机制的建立，成为锻造科研型教师的助推器。

三、引领教师开展课题研究，提高科研能力

为了引领教师真正走进教科研，我倡导教师要做教育研究，从小的问题出发，在实践研究中，提高自己的研究意识、研究能力、研究水平，并在教育研究方面形成自己的特色。

1. 引导教师学会发现问题，把教师推进教科研

为了消除教师对科研的神秘感，我深入到教学中，帮助教师在教育教学实际中发现问题，变问题为课题。

如在英语教学的教研和实际教学中，我们发现教师对一些学习有困难的学生关注不够。课下与教师交流，了解教师对学习后进的学生的关注度时，没想到教师的回答是：本节课只学四个新单词，而且较简单，以前学生好像也见过，应该没有困难。一节课下来，到底学生对新学习的生词掌握多少，教师只是凭借想象。当看到这一现状后，我们立刻帮助教师作学生掌握生词的调查，统计结果如附表 2.4。

附表 2.4　　　　　　　二年级一节英语课学生掌握生词情况统计表

	能准确认读生词	经过提示能够认读生词	不能认读生词
学生人数（人）	32	9	4
百分比（％）	71	20	8.8

注：生词数量4个，学生人数45人。

测试结果使教师大吃一惊，在教师眼中不值得一教的知识，学生应该全知、全会的简单的英文单词的掌握情况，却与教师的想象差距甚远。经过实际的测查，使教师明白教学不能想当然，凭着主观臆断来设计的教学预案不能收到较高的教学实效，要有科学的依据和科学的态度来从事教学工作。

我们带领着教师在实践中、在研究中，用事实说话，用数据证明，使得教师恍然大悟，领悟到教育科研就在身边，体会教育科研对教育教学的促进作用。用科学的方法研究我们教学中的真问题，这才是教育科研的真正价值，只有这样做，教科研才能成为我们日常重要的工作方式。

目前，英语组的几位教师根据自己的教学实际现状，开始研究英语教学中学困生的成因与对策的研究。他们的课题研究源于教学实际和学生实际，这样的研究才能解决真问题。

2. 引导教师立足实际问题，承担科研课题

新课程需要教师实现教育理念的更新、转变和发展，在此专家的引领、培训、指导是必需的。学校定期请教科研的专家进行培训，从如何选题、如何做科研等一些方法的指导，到调查问卷的设计、统计等等，一一为教师们讲解。教师在学习后，要针对自己的研究做实践性作业，然后由专家进行点评指导。在专家的指导下，教师的研究能力、研究水平在逐渐提升，并有助于教育教学实践。

为了使教师成为研究者，使教师们在研究的状态下工作，学校应该依据教师的实际研究能力和教师的专长，将教师分成不同层次。对研究能力较强

的教师，学校鼓励他们独立承担研究课题；对教学水平较高，研究能力一般的教师，借助于参与国家级、市级课题的研究，让这批教师在参与过程中，提高自己的研究意识与水平。每个课题组的研究也是根据教师的实际，在教师自愿的基础上，将教师有机组合起来，确保每个课题组中，由研究能力较强的教师引领，教学骨干教师发挥作用，每个层次的教师在课题研究中做到任务明确，大家的综合素养都得到了提升。

例如史家小学一名中年教师，其教学水平不是最为优秀的，可是这位教师在科研中是位有心人，潜心学习，非常投入。在自己的教育工作中创新出很多方法，在北京市课题申报中，独立申报的课题通过市规划办的审批，成为了市级课题。课题研究使得这位教师的自信心增加了，个人的素质和专业化水平提高得很快。

四、引导教师将科研成果应用于教育教学实践，提高教育教学实效

（1）通过参与课题研究、学习与培训，教师们在课堂教学预设方式如附表2.5所示。

附表2.5　　　　　　　　教师课堂教学预设方式

预设方案	百分比（%）
每一节课都至少有两种以上的预设方案	29.46
在所教授的课程中至少有50%的教学设计有两种以上的预设方案	39.29
在所教授的课程中至少有30%的教学设计有两种以上的预设方案	25.89
在所教授的课程中至少有10%的教学设计有两种以上的预设方案	4.46
只有一种方案，没有考虑多种预设方案的问题	0.89

（2）通过参与课题研究、学习与培训，教师课堂教学发现问题后的教学行为如附表2.6所示。

附表 2.6　　　　　　教师课堂教学发现问题后的教学行为

教学行为	百分比（%）
发现问题，马上调整	79.69
发现问题，能及时进行部分调整	28.07
发现问题，来不及调整	0.87
发现问题，不会调整	0.87
发现问题，没想过调整	0.87

这两组数字，说明我们的教师在课题的引领下，关注课堂教学实效性，教师们的思维意识、教学行为在发生着变化。

（3）教师的合作反思，提高教学的实效。学校每个课题组的研究，都非常重视教师集体的合作反思，在课题研究中，课题组的教师深入课堂教学实践，听课、评课，就研究的问题共同探讨，在合作反思中，调整每一节课的方案，使得教师的教学更具实效性。同时，合作反思也提高了教师的研究能力与水平。

五、倡导深入研究，固化教育科研成果

1. 定期召开专题研讨，固化教师的教科研成果

定期召开研讨会，课题研究课、展示课，其目的是固化教师的教科研成果，每一次研讨、研究、展示都在印证课题研究的足迹。同时也对其他课题研究起到引领和借鉴的作用。近年来，史家小学先后深入研究的主题有：课堂教学实效性；如何关注学生的需求，改变教师的教育教学行为；课堂教学的预设与生成……每一个研究主题，都是根据教师的教学实践而来，通过研讨，提高教师的认识，致力于改变教师的教学行为，提高教师的研究意识。另外，研讨会也为教师搭建了一个平台，满足了教师的职业需求，使教师能够实现自我的价值追求。

2. 主动承担科研课题

许多教师不仅参与国家、市、区级课题，还独立承担科研课题。目前学校独立承担的市级课题 3 个，区级课题 1 个；参与多个国家级、市级重点课题的研究。

经过一年多的研究和探索，取得了初步的成效。

教师的研究能力、研究意识在发生着根本性的变化。例如：今年 4 月份，学校组织教师参加全市"京研杯"论文评比，全校共投稿件 84 篇，其中 64 篇获奖，一等奖 4 篇，占获奖总数的 4.8%；二等奖 24 篇，占获奖总数的 24%；三等奖 35 篇，占获奖总数的 42%。全校总获奖率为 76%。

引领教师走进教科研，使之成为提升教师素质即教师专业化成长的重要途径，也是提高教育教学质量的有效手段。

参考文献：

[1] 朱慕菊. 走进新课程. 北京：北京师范大学出版社，2002

[2] 钟启泉译. 课程与教师. 北京：教育科学出版社，2003

[3] 胡惠闵. 从实践的角度重新解读教师专业化发展. 上海教育科研，2004（8）

[4] 张华. 试论教学认识的本质. 全球教育展望，2005（6）

附录 III

基于学生数学学习需求进行教学设计的研究
结题报告[①]

北京市东城区史家小学 陈凤伟

2009 年 10 月

一、研究背景

（一）理论背景

1. 教学设计科学研究

教学设计是理论与实践联系的科学，它的意图是规定最佳教学方法，是旨在达到预期教学成果最优化的教学行为。

国外对教学设计的研究主要有两种。一种是从方法的角度出发，像肯普、狄克、凯瑞、加涅等，认为教学系统就是促进学习的资源和步骤，"对用以促进学习的资源和步骤作出安排"就是教学设计。一种是从过程的角度出发，像史密斯、雷根等，认为教学就是信息传递及促进学生达到预定、专门学习目标的活动。教学设计就是把教学原理转换成教学材料和教学活动计划的系

[①] 北京市教育学会"十一五"课题"基于学生数学学习需求进行教学设计的研究"结题报告（节选）。

统过程，是为了达到预期教学目标而运用系统的观点和方法，遵循教学过程的基本规律，对教学活动进行系统计划的过程，是教什么（课程和内容）与怎样教（组织、方法、策略、手段及其传媒工具的适用等）的过程。

2. 国内对教学设计的研究现状

国内对教学设计的理解，一般以"过程论"居多，由乌美娜教授主编的《教学设计》一书将教学设计定义为：教学设计是运用系统方法分析教学问题和确定教学目标，建立解决教学问题的策略方案、试行解决方案、评价试行结果对方案进行修改的过程。它以优化教学效果为目的，以学习理论、教学理论和传播学为理论基础。

综上，教学设计不是一种纯学术的理论研究，它的根本价值在于有效地服务于广大教师的教学实践，解决教学实践中的重要问题。

（二）现实背景

1. 教师方面

新课程的推进，要求教师在进行教学设计时，对学生的学习问题必须进行全面、深刻的分析。除了分析学生的一般特征以外，最主要的是分析学生的学习需求，也就是学生当前在知识、技能、态度方面的水平与学生预期的目标之间的差异。

面对今日的课程改革，如何基于学生的学习需求进行教学设计，提高课堂教学质量和效率，是教学研究的热点问题。小学生的学习需求究竟有哪些？怎样分析学生的学习需求？如何运用学生学习需求的分析结果进行小学数学教学设计？这些是教师在教学实践中急需解决的问题。

2. 教材方面

实验教材内容的综合性、现代性、开放性和灵活性突出，呈现形式多样，解决问题的策略多样，思维多层、多角度的特性，满足了一部分学生的学习需求和发展，另一部分学生就可能陷在迷惘中。同时配套的资源不足，不能满足不同学生的学习需求。

二、研究意义

基于学生的学习需求理论，选择教育学普遍适用的原理在小学数学领域的具体应用作为课题。立足于小学数学的学科特点，理解运用学生学习需求理论和教学设计理论，进行小学数学教学设计。构建一个合理的数学教学设计模式，希望能够提高小学生数学学习的实效性；同时获得一些有益的启示，来建立积极、快乐、实效、和谐的小学数学教学环境，为学生的可持续发展奠定基础。

三、概念界定

1. 需求

教育界的需求与心理学密切相关。我们所说的需求在心理学中称为需要。需要是人们在实践活动中感到某种缺失或不平衡而力求获得满足的心理状态，这种不平衡的状态体验反映到人脑中，就成为个体的需求。

2. 学生学习需求

根据需求的概念，我们对"学生学习需求"的概念是这样界定的：学生在学习、成长过程中，社会和教育对学生的客观要求，反映在学生头脑中形成的学生对学习的主观需要。

3. 教学设计

即运用系统方法分析教学问题和确定教学目标，建立解决教学问题的策略方案、试行解决方案、评价试行结果对方案进行修改的过程。它以优化教学效果为目的，以学习理论、教学理论和传播学为理论基础。

4. 基于学生学习需求的小学数学教学设计

根据教学设计的概念，我们对"基于学生学习需求的小学数学教学设计"界定如下：教师在充分关注学生学习需求，并对其进行分析的基础上，对教学活动进行系统规划、安排与决策，设计有利于学生发展的数学课堂教学环境和教学环节。

四、研究依据

1. 教育文件

《基础教育课程改革和发展纲要（试行）》

全日制义务教育《国家数学课程标准》

《中华人民共和国义务教育法》

《中小学考试与评价的通知》

2. 理论观点

（1）人的需求理论——人的需求和行动紧密联系，"需求、动机、行动"。需求使个体更自觉，产生有目的、有计划、有信心、有持久力、有积极情感的效应。有没有产生需求感或满足感的需要，就成为保证行动达成的关键。

（2）数学教学理论——现代学生想象力丰富，求知欲强，他们不仅需要掌握足够的数学知识，提高综合素质，更需要保持对学习数学的热情，需要在运用数学知识解决生活实际问题中，具备必要的知识技能，满足学生作为社会人的需求。

五、目的内容

（1）小学生学习需求信息的收集、整理、分类与评价标准。收集、整理小学生学习需求的信息，将学生学习需求进行分类，形成体系（如共性信息和个性信息），并对这些学习需求进行分析和价值判断，为小学数学教学设计提供依据。

（2）基于学生学习需求的小学数学教学设计的策略。通过对教学设计理念的理解、任务定位、基本要素的整体把握和优化，与先进的教学媒介相结合，完成学习内容、学习活动和学习成果三方面整体设计的策略。

（3）基于学生学习需求的小学数学教学设计的实施与修正。研究初步的教学设计（即没有经过教学实际检验的预设教学设计），在教学设计实施前、实施过程中、实施结束时进行教学反思，并对原有的教学设计进行修正，使其更符合学生发展的需要。

六、研究过程与结果

（一）文献研究

文献研究厘清了教学设计的理念，作出了符合本课题研究的基本概念界定。

文献研究为课题研究的准备阶段，针对教学设计理论与实践，以及学生需求理论进行了文献研究。厘清了教学设计的基本理念，即教学设计是一项多因素、多层次的系统性活动，通常有两种类型：数学课程设计和数学课堂教学设计。同时，针对新课程改革背景下的教学设计有了一种全新的、全面的认识，即教学设计是一种教学构想，是以问题为核心的，教学设计的实质，是教师对课堂教学行为的一种事先筹划，对学生达成教学目标、表现出学业进步的条件和情境做出精心安排。所以教学设计要为学生的有效学习服务，应关注并解决的关键问题是："引领学生到哪里去？""学生现在在哪里？""如何引领学生到达想去的地方？""是否到达了？"

依据研究的结果，撰写了《关于教学设计的文献综述》和《小学生学习需求的文献综述》，并且对课题研究中的关键概念进行了重新界定。

（二）调研分析

调研分析提升了研究理念，教师掌握了科学客观的调研方法；获得了研究依据，使课题研究具有了科学性和现实性；确定了研究重点，令课题研究具有了适切性和推广性。

教学设计要与学生的经历和经验相联系，从找准学生的认知起点，找准学生的认知规律和知识系统规律之间的最佳结合点做起。这与传统的备学生、备教材是一致的，所不同的是传统的备课要备学生，但却很少关注学生，教师更多的是用自己的经验代替学生的学习规律，更多的是教师自己在研究怎么教，而很少关注和倾听学生学什么、怎样学的。

教师如何对学生的学习需求进行关注和分析呢？

在课题研究的第一阶段，对学生和教师进行了系列的调研分析。全体研究教师经历了调研问卷设计、回收、统计、分析、撰写分析报告等全过程。特别是调研问卷、量表的初步设计、分析样章、修改样章、初步试用、检验效度和信度、调整完善等过程，使研究教师掌握了如何针对课题进行必要的问卷设计，如何保证问卷设计的科学、有效，如何作出客观、准确的数据分析等基本的研究方法。

设计完成的系列问卷有《小学生数学学习现状的调研问卷》，《小学数学教师进行教学设计现状的问卷》，《小学生数学学习需求的调研问卷》（其中含有量表）。问卷的框架如附表3.1所示。

附表 3.1　　　　小学生数学教与学的现状系列调研问卷的框架

问卷分类	问卷提纲	
小学数学教师进行教学设计现状的问卷	1.小学数学教师对数学教学设计的认识 2.小学数学教师进行数学教学设计程序 3.小学数学教师对学生学习需求的理解 4.小学数学教师对学生学习需求关注的程度 5.小学数学教师对学生学习需求关注的方法 6.小学数学教师对学生学习需求与教学设计关系的认识	
小学生数学学习现状的问卷（分年段）	1.小学生数学学习的方法 2.小学生数学学习的情感 3.小学生运用数学知识解决数学问题的能力 4.小学生运用数学知识解决生活问题的能力 5.小学生数学思维能力和品质	
小学生数学学习需求的问卷（分年段）	小学生数学学习需求的整体问卷	1.小学生对数学学习内容的需求 2.小学生对数学学习方式的需求 3.小学生对数学学习方法的需求 4.小学生对数学学习环境的需求 5.小学生对数学学习情感的需求 6.小学生对数学学习评价方式的需求 7.小学生对数学老师情感的需求
	小学生数学学习需求的专项问卷（教师进行单元教学设计）	1.对本单元数学学习内容的了解程度 2.在本单元学习中希望的学习方式 3.对本单元数学学习内容的困难 4.希望获得的与本单元学习内容相关的知识有哪些 （此问卷给教师一个问题设计的模式，让教师在安排不同的教学内容之前按模式自行套用设计）

2006 年 9~11 月，分别对史家小学二至六年级的 225 名学生（每个年级一个班）和 32 名数学教师，以及东城区礼士小学的 50 名学生和 6 名教师，还有山西的 24 名小学教师进行了实际调研。使用 Spss11.0 软件进行数据处理，对回收的问卷进行统计整理和数据分析，撰写了三份分析报告，即《小学生数学学习现状的调研与分析》，《小学生数学学习需求的调研与分析》，

《小学数学教师进行教学设计现状的调研与分析》，为课题的研究提供了鲜明具体的资料，使关注学生数学学习需求的教学设计研究成为有据可循的实效研究。

1. 小学生数学学习现状的调研分析

调查问题1：在我所学的科目中，我最喜欢数学课。结果见附图3.1。

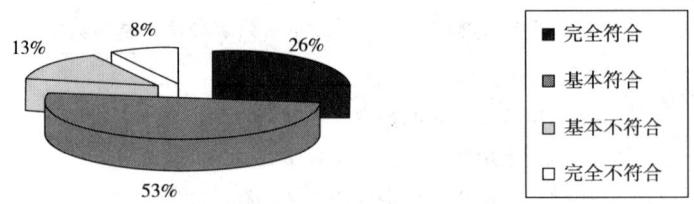

附图3.1 "在我所学的科目中，我最喜欢数学课"调查

从附图3.1中不难发现，大部分学生都觉得数学课是自己最喜欢的科目，只有8%的学生不太喜欢数学课。

但随着年级的升高，最喜欢数学课的人数在下降，而不喜欢的人数却在上升，见附图3.2。产生这样的现状可能是由于学习难度的增加，同时也有可能是教师教学对学生的影响。

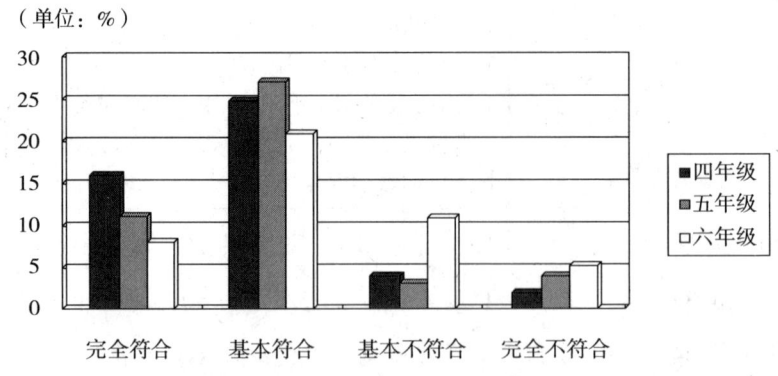

附图3.2 "在我所学的科目中，我最喜欢数学课"分年级调查

调查问题2：解决数学问题能给我带来成功的感受。结果见附图3.3。

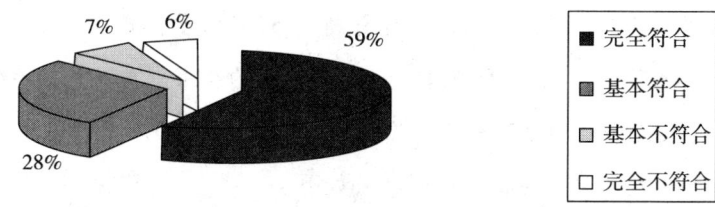

附图 3.3 "解决数学问题能给我带来成功的感受"调查

从附图 3.3 中可以看出,87% 的学生的选择是肯定的,学生能在数学学习中通过解决数学问题而获得成功的体验,数学学习可以满足学生在情感上的需求。

调查问题 3:数学课上,希望教师给我们留出独立思考的时间。结果见附图 3.4。

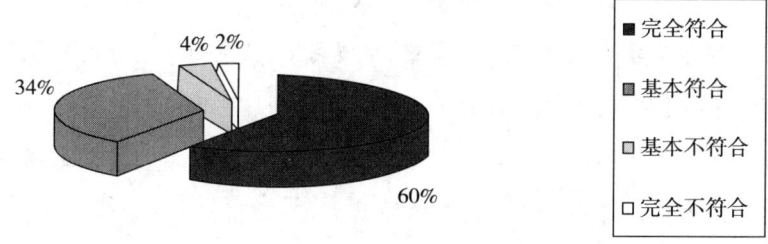

附图 3.4 "数学课上,希望教师给我们留出独立思考的时间"调查

从附图 3.4 中可以很明显的看出,94% 的学生希望有独立思考的时间,体现了学生在数学学习上的需求。

调查问题 4:我在数学课上不喜欢小组合作学习。结果见附图 3.5.

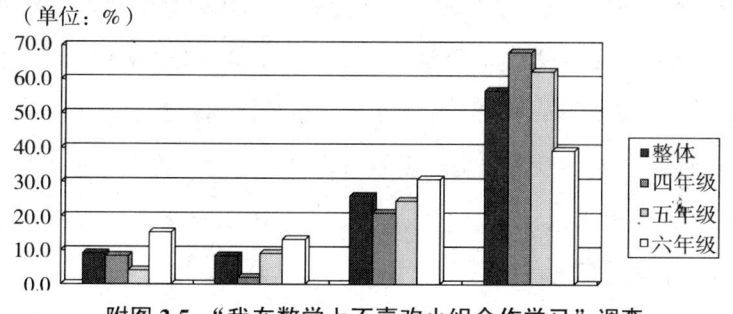

附图 3.5 "我在数学上不喜欢小组合作学习"调查

从附图 3.5 中可以看到，整体分析有 57% 的学生喜欢小组合作学习的方式，比例还是较高的。但具体比较三个年级的结果，发现随着年级的增高，不喜欢小组合作学习的百分比在增高，喜欢的仅有 40% 而已。

小学生数学学习现状的调研结果如下。

（1）学生对数学学习具有热情与兴趣，这种"自发的"积极情感需要教师给予不断的关注。所以要把对学生的情感激发和培养，作为教学设计的一部分。特别是高年级学生的情感培养，已经不能停留在表面的激发，而是要有深层次的、运用数学学习本质和学科特点的内容和方法。

（2）对学生学习品质的调查表明，学生对较好的意志品质了解不多，特别需要有计划、有目的、持之以恒的培养。因此教学设计时，应把学生的学习习惯、学习品质的培养方法和策略纳入其中。

（3）对学生学习数学方式的调查，"复习"、"预习"这样的传统学习方法，部分学生能在教师、家长的督促下做到，而"主动查阅资料"的学习方式，却是多数学生不能做到的。因此，教学设计中关于学习方法的指导也是必需的，因为这是学生可持续发展的原动力之一。

2. 小学生数学学习需求整体调研分析

调查问题 1：你最感兴趣的数学知识是（　　），最不感兴趣的数学知识是（　　）。

A. 基本概念　　　　B. 计算　　　　C. 解决问题　　　　D. 无

调查结果显示，有 47.7% 的学生认为最感兴趣的数学知识是解决问题，18.9% 的学生认为最感兴趣的数学知识是基本概念，15.9% 的学生认为最感兴趣的数学知识是计算，15.2% 的学生没有最感兴趣的数学知识。

调查问题 2：数学学习中遇到困难时，第一个想找的交流对象是（　　）。

A. 父母或其他家人　　　　　　B. 数学老师
C. 同学中的好朋友　　　　　　D. 无

调查结果显示，有 59.8% 的学生第一个想找的交流对象是同学中的好朋友,20.5%的学生想找父母或其他家人,18.9%的学生第一个想找的交流对象是数学老师。

调查问题3:我想了解数学知识的形成过程(　　)。

A.非常希望　　　　　B.一般　　　　　　C.不希望

调查结果显示:85%的学生希望了解数学知识的形成过程,其中超过五成的学生表示"非常希望"。在问题符合学生意愿的程度上,从"不符合"到"符合",三个年级均呈现逐渐上升的趋势。

调查问题4:喜欢什么样的学习方式(　　)。

A.动手操作　　　　　B.和同学交流讨论　C.听教师讲解

调查结果显示:学习新知识时,62.9%的学生喜欢动手操作,19.7%的学生喜欢和同学交流讨论,14.4%的学生喜欢听教师讲解。

小学生数学学习需求的调研结果如下。

(1)教学设计要将数学问题生活化,生活问题数学化,培养学生的数学眼光,用数学自身的特性、价值,引发学生对数学学习的积极情感。

(2)教学设计要从数学知识的特点出发,从学生的认知规律出发,从学生已有的知识和生活经验出发,设计多角度富有思考性的问题,引发学生思想上的碰撞。

(3)教学设计要以数学知识为主线,呈现知识的形成过程,给学生创设体验这一过程的契机,获取知识和数学活动的经验。

(4)教学设计要依据学生可持续发展的需要,选择适合学生全员参与、体验、交流和收获的学习方式。

3. 小学数学教师进行教学设计现状的调研结果

(1)教师对教学设计的重要性有理论上的认识,还需要澄清传统备课和教学设计的区别和联系。特别是教师在实践中还缺乏相应的实施策略,以及初步实施后的自我分析。

(2)教师知道教学设计的基本程序包括教学分析、选择和计划教学策略、对教学结果进行评价等方面；但在实际教学中并不完全按照数学教学设计的程序来实施，存在着一定的形式主义和一定的随意性。

（3）教师对学生"学习需求"的理解主要是借助经验，85%的教师认为教学时应该对学生的学习需求予以关注，但什么是学生的需求、怎样关注学生的学习需求、学生的个性需求和共性需求有什么关系、怎样处理这种关系，还需要系统的分析整理。

（5）60%的教师认为应该对不同认知层面的学生进行前测或访谈，但是怎样对学生进行调研、调研的结果怎样应用于教学设计，需要给予具体的指导。

（6）因为被调研的教师都具有一定的教学实践经验，所以多数教师会根据学生学习中的表现适当地调整预设的教学设计，并且在课后进行必要的反思、整理和分析；但是教师对教学设计的调整，还只停留在经验积累的基础上，缺乏理论指导下的必要方法和策略。

（三）案例研究

案例研究规范了教学设计的基本流程，如附图3.6所示。

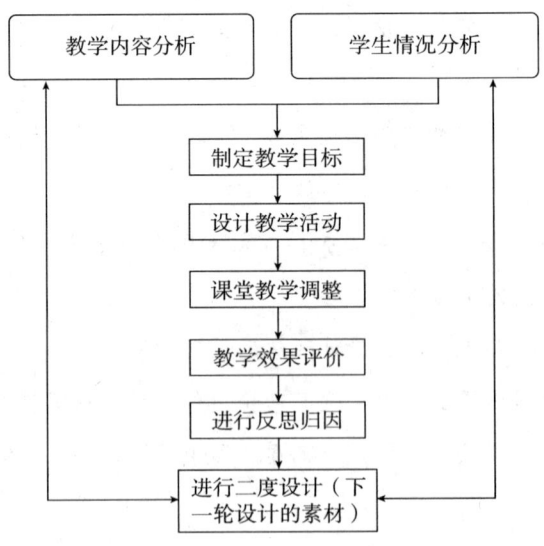

附图3.6　教学设计的基本流程

《质数与合数》教学设计

郭京丽

【教材分析】

质数与合数的基础是因数和倍数以及2、3、5倍数特征；质数与合数的概念延续是分解质因数、最大公约数、最小公倍数等。教材在编排上的顺序是：准备题引导学生找出20以内数的全部因数，然后按照因数的个数进行分类，最后给出质数与合数的概念。例题一是加深对质数、合数的理解。学习质数与合数的核心数学思想是分类，即对于同一类事物，由于分类的标准不同，分类的结果也不同。

【学生分析】

（1）学生的知识基础分析：学生已经学习了因数和倍数的概念，掌握了找因数和倍数的方法，学习了被2、3、5整除的数的特征，掌握了判断一个数是否能被2、3、5整除的方法，会运用举例探究的研究方法，会对事物进行分类时。

（2）学生前测结果分析，如附表3.2所示。

附表3.2　　　　　　　　学生前测结果

		不完全正确　31人　94%	
对于自然数按因数个数进行分类共有33人参加	完全正确	知道质数合数但不能正确分类	完全不知
	2人	22人	9人
	6%	67%	27%

		不完全正确　19人　58%			
应用奇数偶数，质数合数的概念进行正确的判断（共有33人参加）	完全正确	认为9是质数，0是合数	认为2是合数	认为1是质数	认为8是质数，3是合数
	14人	16人	1人	6人	2人
	42%	48%	3%	18%	6%

【教师的思考】

大部分学生知道质数、合数的概念，但具体是什么样的标准，学生并不了解；还有一部分人对此一无所知。所以，教学的重点是引导学生认识质数、合数，认识如何按照因数个数的多少对自然数进行分类。

【教学方法设计】

首先数形结合，采用学生喜闻乐见的游戏形式，加强直观演示和操作，使学生建立表象。然后，再把长方形的长和宽与因数联系在一起，完成形到数的过渡，得出质数与合数的概念。最后，通过练习，把质数与合数的概念和奇数、偶数进行区分，与生活实际结合起来，巩固和运用质数与合数的概念。

【教学流程设计】

教学流程设计如附图3.7所示。

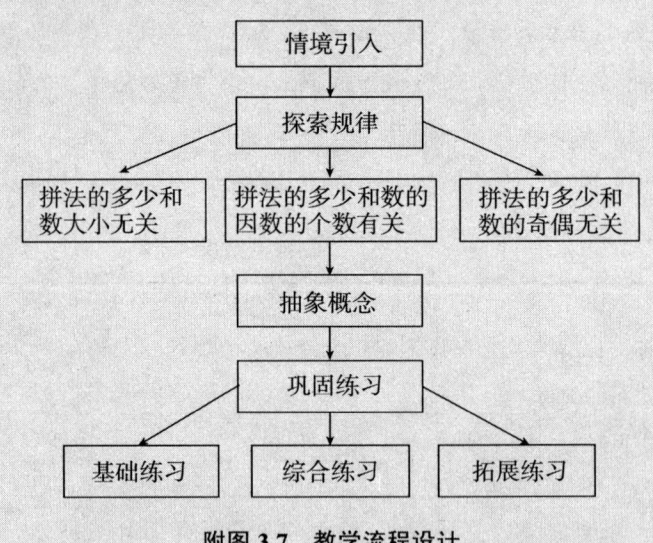

附图3.7　教学流程设计

【具体教学过程】

略

【教学效果评价】

（1）培养学生的探究意识。通过学生用12块和9块小正方形来拼出不同的长方形的过程，体验了质数、合数的形成过程，培养了学生的探究意识。

（2）渗透数形结合的思想。学生从数和形两个方面感受质数与合数，感受是多元的、丰富的，而不是单一的。

【反思与二度设计】

教学过程的第一个环节，原来设计的是，教师先带着学生把12个小正方形拼成长方形，再带着学生拼9个小正方形，然后比较谁拼成的长方形多。实践发现，这样分层操作低估了学生已有的基础。于是改为抛给学生一个问题：是不是小正方形的块数越多，拼成的长方形就越多？先判断、猜想，再用自己的方法进行验证说明。经过再次实践，表明修改后的方法可以满足不同层次学生的学习需求。

（四）比较研究

比较研究形成了教学设计的基本策略。

1. 课前调研的策略

进行单元或一节课的设计之前，对学生进行前测，了解学生数学学习的现状和发展趋势。

（1）调研的内容：学生已有的知识经验和生活经验；学生对此知识的兴趣度和期望值；学生希望的学习方式是怎样的；学生学习新知识可能有的困难。

（2）调研的方法：问卷、测试题、访谈。

（3）分析调研的结果。

（4）基于学生数学学习需求进行教学设计。

依据学生的数学学习现状，将教材目标和学生发展目标结合起来，制定教学目标，完善教学内容，创设教学情境，选择教学方法，规划教学流程，分配教学时间，形成教学预设。

《9的乘法口诀》（人教版小学数学二年级上册）

王圆圆

在教学9的乘法口诀之前，教师发现有些学生已经会背9的乘法口诀了，于是进行了前测：写出你会的"9"的乘法口诀。结果统计如附表3.3所示。

附表3.3　　　　　　　　学生前测统计结果

分类	人数	占总人数的百分比（%）
全写对	25人	56.8
全写出来但有小问题	5人	11.4
写出大部分（写到"六九"或"七九"）	11人	25.0
写出但不符合口诀特点	3人	6.8

分析调研结果，虽然学生都知道9的乘法口诀，但记忆口诀的方法属于"死记硬背"，所以有的口诀易混淆。如"六九五十四""七九六十三""八九七十二"等记忆有困难，表明学生需要记忆口诀的方法指导。所以确定的教学思路是：先让学生说出9的乘法口诀，再具体研究口诀、记忆口诀（找规律、手指操）、应用口诀。这样的教学是"教"在学生需要教的地方，尊重、利用了学生的知识、经验基础，发挥了他们的主观能动性，也发挥了教师的引导作用，让学生在已有的基础上得到了提升和发展。

2. 课上调整的策略

三维教学目标是预设的，但达到教学目标的过程是生成的。教师有了对学生学习需求的了解，才能基于学生进行预设，留一定时空让学生出现生成的问题。面对动态生成的资源，应结合具体情境进行"利用""返还"或者"延时判断"等处理机制，避免了从"牵着学生走"摇身变为"被学生牵着走"。

《周长的认识》（人教版小学数学三年级上册）

汤 柳

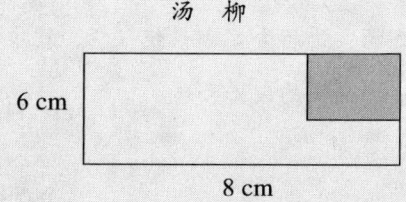

提出问题：想一想去掉阴影部分的新图形和带着阴影部分的原来的长方形相比，周长有什么变化？

学生思考后利用反馈器选择：①周长变长了；②周长变短了；③周长没变。

系统显示学生选项的百分比，如果正确选择低于80%，就组织学生进行自主交流，然后进行第二次反馈。如果正确的选择高于80%，教师就直接组织学生进行整体交流，利用学生之间的互动解决问题。流程如附图3.8所示。

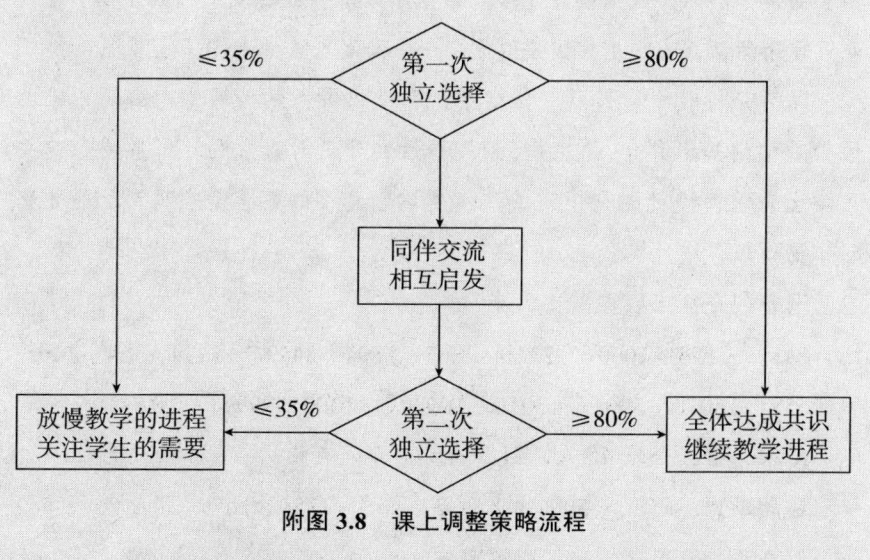

附图3.8 课上调整策略流程

注：35%为教师教学的预设。

3. 课后归因的策略

教师已经逐步养成了用记录教学叙事和调研学生的学习效果等具体方法，积累鲜活的教学资源，进行个案和系统分析，找准问题的症结，追寻问题产生的具体根源，提出翔实的改进措施。

《万以内数比大小》（人教版小学二年级下册）

杨 扬

学生在一年级时已经学习过百以内数的比较大小，而千以内数的比较大小，方法基本相同。基于上述的基础，教师凭借已有的教学经验，从关注低年级学生的心理需求出发，创设了"数朋友参观海洋馆"的趣味情境，通过邀请数朋友（复习数的组成）——请数朋友上车（初步感受千以内数的比较，增强数感）——认识海豚（复习百以内数的比较大小）——看海豚表演（比较位数不同的数）——畅游鱼的世界（比较位数相同的数）——向小海狮学一学（巩固复习）——游戏乐园（抽数游戏中巩固深化）等一系列趣味活动，让学生在愉快的氛围中，高高兴兴地上完了这节课。

课后分析教学设计及教学效果，引发思考：学生课堂上表现出来的开心是学到知识和学习能力得到提升后的开心与喜悦吗？那些看似是关注学生需求而设计的情境，关注的是学生真正的数学需求吗？于是重新对"平行班"进行前测。

调查问题：万以内数比大小

2351 ○ 679　1000 ○ 2341　3867 ○ 894　3489 ○ 3479　354 ○ 405
658 ○ 5070　3001 ○ 3010　10000 ○ 1000　9999 ○ 10000

结果分析：全班45人，41人全对，4人有错。

错题举例：658 > 5070（此题2人错）　2351 < 679

与学生进行谈话，询问错误原因：

658与5070比较，是因为没有看清楚两个数都是几位数，只看到从左边起的第一位，6比5大，就填成大于号了。2351和679比较出现的错误，也是这个原因。

随后分层次对学生进行访谈，访谈问题：你会比较万以内数的大小吗？你是用什么方法进行比较的？你认为咱们还有必要用一节课的时间再学习这部分知识吗？

访谈结果如下。

（1）第一组学生：这部分知识已经会了，比较的方法也能语言清晰地表述清楚。

（2）第二组学生：这部分知识基本掌握，但是比较的方法表述不太准确，如"位数""数位"等词语搞不清楚。

（3）第三组学生：可以把测试的题目做对，但不能用语言说出自己的想法。

依据调研调整教学设计，决定把四位数和三位数的比较大小放在一节课，把情境作为知识的承重墙，把比较万以内数大小的方法作为重点，让学生通过知识的迁移，理解当两个位数不同的数进行比较的方法策略。在讲授算理时把数位顺序表、计数单位放在首要位置，因为这是学生理解算理的基础。

4. 二度设计的策略

课后的二度设计和以往的教学反思有什么区别呢？就是在学生学习效果的检验和访谈的基础上进行再设计再实践。如果二度设计完成后，设计者没有机会自己去实践，就传给同组的教师，同组教师实践后再基于学生的学习情况形成再一次的二度设计，作为下一个教学周期的课前设计资源。由此，对学生数学学习需求的关注已经具有了连续性、发展性和比较性，形成了良性循环的教学设计系统。

《10的认识》

王 颖

"10的认识"我教过四五回了,依据学生喜欢动手操作的特点,设计让学生将10根小棒分成两堆,然后说说是怎么分的。目的是让学生能够完整、有序地说出"10的组成"。但在分的过程中,很多同学只分出一、两种情况就不再继续分了,争着举手要汇报结果。学生平时很喜欢动手操作,今天为什么不继续摆了呢?

【问题分析】

课下对学生进行访谈:"用小棒摆10的组成,为什么摆了几种就不摆了?"有的学生说:"我都会了,不用摆我也知道10可以分成几和几。"有的学生说:"我想赶快说出答案。"

回顾认识7、8、9的教学,学生都是利用小棒操作的,到了10还摆小棒,学生已经不需要了。因此单纯的操作是没有数学价值的,要在操作中渗透数学思想,形成数学方法,这样的操作才是数学课上的操作。

【问题解决】

既然学生已经有了拆分7、8、9的经验,那么在认识10时,就不能肤浅地停留于过去的方法上,应该充分发挥学生的主体作用,让他们尽情地展现自己的聪明才智,在培养思维方法和能力上提出更高的要求。

具体的改进方法是,要求同桌两个同学合作拆分10根小棒,一个分,一个记录,比一比哪两位同学能找出所有的拆分方法。在组织学生进行汇报时,再提出一个更高的要求:请你想办法给拆分的结果排队,让教师和同学们一听就能立刻记住所有的情况。

【结果与启示】

两次的教学方法都是动手分,前者是单调地重复着手上的操作,而后者则是给学生动手动脑的契机,既关注了学生已有的知识、技能基础,又满足了学生表现的欲望,同时提升了学生有序排列、完整表述、合作学习的能力。

（五）资源建设，形成教学设计的资源库

经过研究教师对典型教学设计的实践、反思、效果检验、二度设计、循环使用，小学数学1~12册的教学设计资源库已经初步形成，为后续的研究与教学提供了丰富的资源。

1. 形成了系列问卷，即教学设计前的整体问卷和单项问卷

新课程下的课堂教学设计要与学生的经历和经验相联系，基于"教学设计要从找准学生的认知起点，找准学生的认知规律和知识系统规律之间的最佳结合点做起"的理念，设计教学设计之前的系统调研问卷，包括单元调研问卷、知识点调研问卷等。

2. 形成了1～12册重点教学设计的动态调整实录

教师、学生和教学内容构成了课堂教学的基本要素。这些要素之间的相互碰撞，产生了许多不可预知的生成性资源，记录下来作为教学设计中的动态设计，便于继续研究和实践。这些动态调整的教学设计资源，包括文本资料和录像资料。

3. 教学设计已经形成了良性循环的系统

（1）二度设计系统：在学生学习效果的检验和访谈的基础上进行再设计再实践。这样的资源共享使得对学生学习需求的关注具有连续性、发展性和比较性。

（2）横向设计系统：年级教学设计，由年级组成员按单元分工，进行第一轮的教学设计，然后汇在一起根据单元设计的学生调研分析结果，研讨第一轮设计，提出修改建议形成第二轮教学设计。每位教师在进行教学前再针对授课班学生的学习需求进行第三轮教学设计，以及相应的课上动态生成设计和课后的再设计。经过近两年的积累，已经完成了小学数学1~12册的教学内容。

（3）纵向的设计：数学课程的知识点是按照学生的认知规律，以螺旋上

升的方式构建起来的。同一领域的学习内容在不同的学段有不同的要求，根据学生的年龄特点和实际需求，从整体入手进行教学设计。例如一年级、二年级、四年级都有找规律，就放在一起进行系列设计。

（六）继续探索，从总结研究中获得的启示

启示一：收集学生的学习需求时要注意的问题

选择学生学习需求分析的样本范围要具有代表性。对学生学习需求分析是一个不断深化的过程。因为学生的学习需求会随着实践活动不断发展变化，旧问题解决了可能又有新问题产生，所以要贯穿于教学设计的全过程。要坚持实事求是的态度，把学生学习需求与社会需要相结合，准确把握学生的学习需求，保证数学课堂教学设计的针对性和实效性，促进学生的全面发展。

启示二：分析整理学生的学习需求时注意的问题

（1）满足需求与矫正引导的关系。教师对学生需求的关注不能停留在满足的层面上，还要在研究的基础上，去引导学生的发展，不合理的需求要引导矫正，必须体现教育的功能。

（2）近期需求与长远需求的关系。学生的学习需求有近期需求和长远需求、显性需求和隐性需求之分。一般近期需求为显性的，长远需求为隐性的。基础教育阶段的学生常常对自己的近期需求比较明确，但是对自己的长远需求缺乏认识，需要教师的引导和挖掘。

（3）个性需求与共性需求的关系。在新课程的背景下，班组授课制并没有改变，基于班组授课制的特点，教师在关注学生个体差异和需求的同时，不能忽视对学生共性需求的关注。

（4）弱势学生与强势学生的关系。教育对每个学生的可持续发展至关重要，不能从一个极端走向另一个极端，在关注弱势学生的同时，不能忽视大多数学生的情绪、情感体验。

启示三：在研究中提升教师专业素养，历练教师团队

教师树立了科学的教学设计观，自觉调整教师的角色定位，自觉运用各种调研的方法关注学生数学学习中的需求，并作出定性和定量的分析，运用到教学设计中，积累了一定的经验，形成了初步的策略。

教师的教学设计，从追求过程清晰完整，转向了重点要落实在学生的需求点上，使教学设计更有针对性和有效性，形成了以"为了每一位学生的发展"为理念，以追求教学设计的适切性、最优化为宗旨的行为转化。

教师在研究中定期撰写教学设计的案例分析，进行教学设计的效果检验，反思归因后自觉地调整行为，并把发现的问题纳入研究的范畴继续探索，逐步成长为研究性教师。

在实践中，教师们形成了合作共同体，互为资源、共享资源，构建了历练教师团队的新机制。

启示四：在实践中促进学生的可持续发展

基于学生学习起点的教学设计关注了不同学生的不同需求，极大地尊重了学生的学习需要，激发了学生积极的学习情感，使数学教学确实达到促进学生共同发展的目标上来。两年中的四次教学质量监控，均取得优异的成绩。

七、研究效果评价

进行"基于学生学习需求的小学数学教学设计"研究，比较系统地将小学生的数学学习需求与教学设计有针对性地结合起来。把学生的"学习需求"作为小学数学教学设计的必要条件，不仅包括课前的设计，还特别强调课中的动态设计，以及课后的二度设计。同时，将经过这一完整设计过程的教学设计作为素材，循环到下一个周期，作为课前设计的背景资料，形成教学设计的良性循环。

研究中系统地收集、整理和判断学生数学学习的需求，有助于深化"以人为本"的教育理念的理论与实践研究。

本课题的研究促进了教师将理念转化为可操作的教学行为,为教师提供了包括小学各个年级、丰富而鲜活的教学设计范例,推动教学改革,特别是课堂教学改革的深入进行。并且,可以为课程标准的制定者、教材编写者,提供一定的参考和借鉴。

八、问题与反思

教师自身的素质能力影响着教学设计的水平,所以要继续提升教师的专业素养;课程理念和实验教材的编写内容存在着不协调,需要在教学设计中加以弥补;课堂教学评价理念和方法与新课程下的课堂教学存在着不和谐,要调整教学管理方法以适应新课程下基于学生学习需求的教学设计的发展。

附录 Ⅳ

通过"绿色奥运"研究
培养小学生综合实践能力的行动研究
结题报告[①]

北京市东城区史家小学 李红卫

2009 年 5 月

一、研究背景

（一）课题的提出

《基础教育课程改革纲要（试行）》提出："从小学到高中设置综合实践活动并作为必修课程。"目的是改变接受式学习模式、死记硬背，倡导主动参与、乐于探究、勤于动手，培养学生搜集和处理信息的能力、获取新知识的能力、分析和解决问题的能力以及交流与合作的能力；强调学生通过实践，增强探究和创新意识，学习科学研究的方法，发展综合运用知识的能力；强调增进学校与社会的密切联系，培养学生的社会责任感，学会适应社会的能力并服务于社会。

在小学，培养学生综合实践能力的有效途径是开设综合实践活动课程，

[①] 北京市教育科学规划办"十一五"课题"通过绿色奥运研究培养小学生综合实践能力的行动研究"结题报告（节选）。

"在我国基础教育新课程体系中，综合实践活动课程是一种与各学科课程领域有着本质区别的新的领域，是我国基础教育课程体系的结构性突破"（《基础教育课程改革纲要（试行）解读》钟启泉）。综合实践活动课程主要内容包括研究性学习、社区服务和社会生活实践、信息技术、劳动与技术教育等内容，旨在让学生联系社会实际，通过亲身体验进行学习，积累和丰富直接经验，培养创新精神、实践能力和终身学习的能力。因此，在探索适合史家小学特点的、通过系统的综合实践活动课来提高小学生综合实践能力的有效途径及评价模式，具有重要的理论及实践意义。

本课题以小学生参与"绿色奥运"主题研究为切入点，开发并整合教师、家长和社会等方面的课程资源，力图探索培养小学生综合实践能力的有效途径与方法，丰实三级课程中的主题活动类的校本课程，目的是通过引导学生亲身参与实践活动，培养小学生的综合实践能力，对于落实基础教育课程改革的目标具有十分重要的意义。

（二）综合实践活动课程现状分析

课程改革以来，教育界对培养小学生综合实践能力的认识在不断地深化，教育科研部门和基层学校开展了多种形式的综合活动课程的尝试，但这存在着如下问题。

1. 实施综合实践活动课程，学校关注点与社会需求的脱节

新课程改革以来，整个教育界对综合实践活动课程的认识在不断地深化，可是，在学校设置综合实践活动的课程中，我们认为学校的关注度更集中于学校现有资源、现有教材所提供的一些有限的信息，没有将视野打开，根据社会的需求、人才需求设置学校综合实践课程的培养目标。经过多年学校教育培养的学生，甚至是大学生、研究生，走向社会以后，不能很好地与社会融合，这些问题，引起了我们的强烈反思。

2. 实施综合实践活动课程学校的困惑

学校要想将综合实践活动课程落实到位,从实际出发,还是有一定的难度和问题的。

首先,在课程的设置上,一节40分钟难以组织学生们走出校门,有时组织一次社会实践活动需要校内许多教师的协作,甚至影响一些教师的正常教学工作。

其次,教师们尽管在课程的实施上有极高的热情,可是,学生的实际和社会治安、秩序、交通、周边环境、前期考察、资金等细节问题,阻碍了教师们引导学生走向社会,开展综合实践活动。

再次,学校人员编制的紧张,造成学校没有专任的综合实践课教师,往往由任课教师或班主任兼课,这样造成有些综合实践课流于形式,有些课程实施的质量不高。

3. 实施综合实践活动课程教师的困难

综合实践课的师资缺乏也是制约小学"综合实践课"开设的重要原因。专业教师的培养极其缺乏,教师的培训滞后,造成教师思维的局限,教师更多关注自己所教学科的内容,即使在探究性学习中,探究知识的范围也是所教学科的内容范畴,忽略了学科之间的整合和实践活动。而小学生综合实践能力,对其成长和发展十分重要。

4. 实施综合实践活动课程学生的现状

综合实践课程的实施,学生是非常喜欢上的,可是由于有些实践活动的内容设置没有关注到学生的需求与兴趣,造成学生学习的积极性不高,有的甚至不愿参与实践活动。

5. 实施综合实践活动课程家长的现状

通过调研,我们发现家长们对综合实践的课程认识不足,往往理解成学校组织活动,没有将"活动"与"课程"联系在一起。家长们对学生参加实践活动的态度是支持的，多数家长更愿意积极参与，甚至为活动提供资源或信息，可是他们的关注度在活动本身，而不是每一个活动之间的内在联系，以及活动课程培养学生的综合能力的设置与评价上。

（三）环境教育现状分析

环境污染、生态失衡，今天正日益严重地威胁着全人类的生存。尽管环境教育在我国的中小学教育中已经展开，但还不尽如人意。现在学校的环境教育大多停留在地球日、课外活动等象征性层面，而没有根本上的教育思想、实践行为和相关意识，这与国外的环境教育有很大的差距。

举世瞩目的2008年北京奥运会，有三大主题，即"绿色奥运""人文奥运""科技奥运"。针对小学生的现状，针对当今的环境问题，把"绿色奥运"作为研究的主要切入点，更符合学生的实际，更为切实可行。因为"绿色奥运"是大家共同关注的问题，具有时代的气息，所以它不仅吸引学生，同时也吸引教师、家长，及所有关心奥运、热爱祖国和热爱环境的人们。

（四）研究的目的

基于理论与实际状况的分析，以通过参与"绿色奥运"研究为切入点，以培养小学生综合实践能力为目的的行动研究为过程，通过有效的实践研究，培养小学生环保意识，构建绿色的生活方式，在实践中逐渐培养学生的综合实践能力。

二、课题研究基本内容

（一）概念的界定

1. "绿色奥运"的界定

绿色奥运的含义可以有各种各样的理解，可以指通常意义上人们所认为的生态绿色，也可以指更深层次上的更广泛的"绿色"。这样，就有了狭义和广义的绿色奥运之分。

狭义的绿色奥运是指在申办、组织、举办奥运会的过程中，以及在受奥运会直接影响的举办奥运会之后的一段时间里，自然环境和生态环境能与人类社会协调发展。内容主要包括生态绿色、环境绿色等。

广义的绿色奥运是指与奥运会相关的物质和意识上的绿色，这里的"绿色"，不仅是指狭义绿色奥运中的"绿色"，而且还指其他方面的与自然和社会发展相协调的思想和做法。内容很广泛，包括物质绿色和意识绿色两大方面。

根据人们对绿色奥运各种各样的理解，再结合小学生的实际状况，我们在"绿色奥运"这一概念的界定上，更倾向于与奥运会相关的环境绿色，意识绿色更是生活方式的绿色。这里的"绿色"指的是健康与和谐，环保与节能，更是人的意识与行为可持续发展。

2. "小学生综合实践能力"的界定

培养小学生综合实践能力就是改变接受式学习、死记硬背，倡导主动参与、乐于探究、勤于动手，培养学生搜集和处理信息的能力、获取新知识的能力、分析和解决问题的能力以及交流与合作的能力。

3. "行动研究"的界定

即一种由教育研究者与教育实践工作者相结合，共同参与研究并实践，以解决此时此地教育教学所提出的实际问题的一种研究模式。

（二）研究方法

我们主要采用的研究方法有行动研究法、调查法、文献法、个案研究法、教育经验总结法、实地考察法。

行动研究法贯穿课题研究的始终。

调查法即通过设计调查问卷，了解教师、家长、学生对综合实践课的认识、需求，在实践研究中，通过后测对比，考证课题研究的效果。

文献法即查找文献资料，丰实课题研究的理论依据，为实践研究提供实践、操作指导。

个案研究法为引导教师关注学生中的个案，发现培养不同类型学生实践能力的有效方法与途径。

教育经验总结法即教育工作者在教育实践中获得从事教育活动的有效知识、技能以及情感和情绪体验，教师将今后值得推广的经验及情感体验，用经验总结法进行教育科学研究。

实地考察法即带领学生到实地进行参观和考察。

三、研究意义

（一）研究目的

（1）提高小学生综合实践能力；
（2）使小学生养成终身的环境保护意识和绿色的生活方式；
（3）丰实三级课程中的主题活动类的校本课程。

（二）研究价值

1. 研究特色

（1）主题具有时代气息——绿色奥运；
（2）关注社会的需求，关注学生、家长、教师的需求；
（3）通过系列化的研究，培养学生终生的环保意识与绿色生活方式；
（4）资源的整合与开发（学校资源与社区资源、社会资源的整合，教师资源的整合，社会力量与家长的资源开发）；

2. 理论价值

（1）构建了主题活动类的校本课程，探索主题类校本课程的模式；

（2）充实综合实践能力的评价方式和学生评价标准；

（3）充实学校、家庭、社会三者协同教育模式；

3. 实践价值

（1）学科整合：打破学科界限进行学科之间的有效整合，集中各个学科间教师的优势，实现真正落实主题活动类型校本课程（综合实践活动），达到培养学生综合实践能力的目的。同时，在综合实践活动课程实施中，促进教师的专业化成长，完善学校三级课程体系，完善适合学校实际的校本课程开发、校本科研、校本培训体系，建立评价体系。

（2）教育与教学的有机结合：在综合实践活动中学生学习科学的研究方法，同时在参与"绿色奥运"的研究中，也提高了自身的环保意识，养成了绿色的生活方式。

（3）拓展教育资源：可借助奥运的声势，调动家长的积极性，发挥家校协同的作用，挖掘课程资源，拓宽学习领域、信息来源，更好地利用社会资源、专家学者的作用，达到提高小学生综合能力的目的。

（4）多元智能协调发展：在实践活动中，开发学生的多元智能，促使学生协调发展。

（5）用"体验"代替"说教"：在整个系列课程中，通过"体验"过程，使学生在亲历中获得真实的认识和情感，将学校的课程学习内容与社会实际融合，使学校教育成为锻造社会"人"的基地与摇篮，使学校教育与社会接轨，使学生具有社会适应能力，更好地服务社会，这个体验的过程也正是学生综合实践能力逐渐提升的过程，可以说，这个过程的本身就是它追求的结果。

（6）时间保证：打破现有课时的界限，使课外活动延伸，有效地补充了学校现有的学习时间。

（7）习惯养成：在综合实践活动中，学习科学的学习方法，养成科学的学习态度，同时通过实践养成绿色的生活方式和环保意识。

4. 目的意义

本课题主要是通过学生参与绿色奥运的研究，进行综合实践活动，提高综合实践能力，以学生的自我实践行动改变自我，影响他人，促进社会的和谐发展；同时借助此课题探索主题活动类型的校本课程，丰富校本课程开发的类型。主题活动类型的校本课程以实践活动的方式进行实施，并在实施中不断探索和完善有效的评价标准。

四、研究内容

本课题的切入点是学生参与"绿色奥运"，借2008年北京奥运会这一契机，从"绿色奥运"入手，通过小学生参与主题为"我是绿色小种子"的绿色奥运研究，参与到绿色奥运行动中，在全过程中提高学生的综合实践能力。让学生走出课堂，参与奥运，用自己的视角、自己的能力，亲自发现与"绿色奥运"相关的问题，研究这些问题、解决问题；用自己的行动、自己的体验去影响他人，提升综合素质；同时探索学校学科之间的整合与评价。

本课题要研究的主要问题包括以下两方面：教师如何在综合实践课程中指导学生开展"绿色奥运"专题研究，来提高综合实践能力；学生如何在开展"绿色奥运"专题研究中提高综合实践能力。

（一）教师方面

（1）研究落实奥运理念，培养小学生参与、宣传、实践奥运精神的途径与方法，养成绿色生活方法和终身的环境保护意识；

（2）研究小学教育资源的开发及课题组教师之间如何合作，从而进行学科整合；

（3）研究培养小学生综合实践能力的方法和途径；

（4）研究小学生综合实践能力的评价；

（5）教师如何调动家长及社会力量，共同指导学生进行综合实践活动；

（6）将理论与实践相结合，教师如何上好主题活动类型校本课程（综合实践活动），丰实校本课程体系，探索主题活动类型的综合实践活动课程的有效模式。

（二）学生方面

1. 能力方面

（1）研究能力：掌握科学的学习方法，学会研究——学会用科学的研究方法，即发现问题、搜集信息、处理信息、获取新知、分析与解决实际问题；

（2）培养创新能力；

（3）合作能力：通过实践活动，培养学生的合作能力，在合作中相互启迪，激发创新的意识。

2. 实践方面

在一系列的收集资料、调查、访谈等活动中，势必需要家人的帮助与参与，通过教师、学生、家长共同研究，大家受到感染与教育，这样的学习方式势必加大宣传影响的力度，教育影响更多的人，产生的影响效果不言而喻。

本研究更关注学生的兴趣及需求，依据学生的年龄特点而设计，以"绿色奥运——我是绿色小种子"为主题，在学生自主选择研究内容的基础上，引导学生从活动开始，主动参与到研究过程中，学会科学的学习方法，培养了学生搜集和处理信息的能力、获取新知识的能力；根据获得的信息，通过分析找到解决问题的办法，从中培养学生分析和解决问题的能力；学会与人交往和合作，达到培养小学生综合实践能力的目的。

3. 行为方面

在系列的行动研究中，传播奥运精神，服务奥运，培养学生可持续发展的环保意识以及绿色的生活方式。

五、研究流程（见附图 4.1）

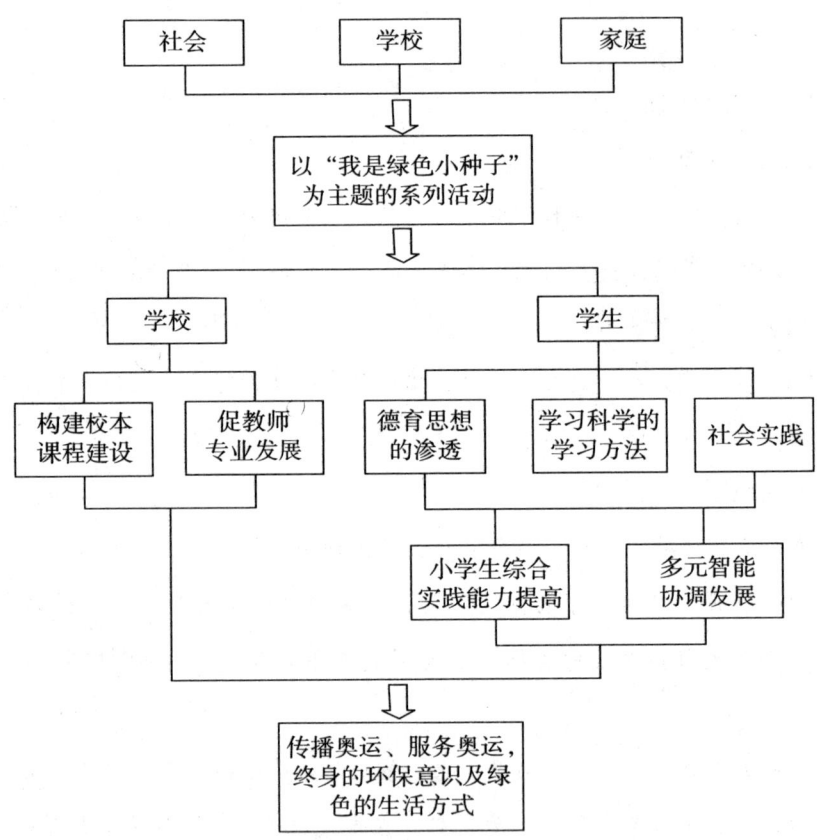

附图 4.1　研究流程

六、实施情况

（一）收集资料

1. 通过上网查找资料，初步感知塑料袋给人类带来的危害

（1）特殊的寒假作业。现在的学生几乎都喜欢电脑，通过电脑上网看信息，下载游戏，教师就充分发挥这个特点，利用假期让学生在玩电脑的过程中，学到新知识，掌握新的本领，做有意义的事情。于是教师在放假前精心地给学生制定了一份特殊的寒假作业：

三（10）班各位家长朋友：

　　大家好！紧张忙碌的一个学期结束了，迎来的是快乐放松的假期。在假期中我们可不能一味地玩，要做些有意义的事情哟！

　　请同学们充分利用假期时间，自由结组制作一份小报，小报内容：

　　白色污染——塑料袋给人类带来的危害：可从"什么是白色污染，多少年才可降解，给人类带来的危害，一家一年用多少塑料袋，北京一年要用多少塑料袋……"等方面进行编写。

　　根据搜集到的资料进行整理后，编写一份小报。一定要完成哟！

（2）环保小报展示。从学生制作出的一份份小报中可以看出，学生在假期里是下了不少工夫，把搜集到的大量的资料进行了整理，整理出来的内容简洁而有条理。

在"什么叫白色污染"版面中，学生结合生活实际归为三大类，白色污染主要是指农用塑料大棚、一次性餐盒和塑料袋。

在"给人类带来的危害"版面中也分成了三类：这些白色污染飘到了海洋中，鱼儿吃了会死亡；这些白色污染飘到了田间，会影响农作物生长；这些白色污染飘到了城市，会影响城市的美容。

（3）把资料编排成表演剧。当孩子们在了解到塑料袋给人类造成严重危

害后，保护环境的热情异常高涨，同时也影响和激发了家长的灵感。一位孩子的妈妈把她女儿找到的资料写成了小表演剧，并主动与教师沟通、交流。我们尝试着做道具、选"演员"、排练，一场名为"白色污染"的小剧像模像样的登上了舞台，"演员"表演的极为投入。通过表演，枯燥的资料立刻变成了生动易懂的环保宣传剧。

2. 在家庭、超市、自由市场中进行调查采访，收集第一手数据

通过自由结组，学生分成了六个实践小组，分头进行调查采访，有的在家中记录一周使用塑料袋的数量，有的走进自由市场进行采访，有的走进超市记录收银台发放塑料袋的数量，还有的通过问卷的方式调查人们对使用塑料袋的看法，调查的结果令学生震惊。

（1）在家中：H同学家一周塑料袋使用数量的纪录（见附表4.1）。

附表4.1　　　在家中一周塑料袋使用数量（以H同学家为例）

型号	星期一	星期二	星期三	星期四	星期五	星期六	星期日	总计
大号	2	2	3	2	3	3	2	15
中号	2	3	1	1	2	1	2	12
小号	3	2	2	3	2	3	3	18

小H说："我家5口人一天要用6~7个塑料袋，一个星期下来要用45个，一年52个星期大概要用2000多个。我们学校有2200名同学，就是2200个家庭，一年就要用440万个塑料袋，试想一下全国那么多家庭，统计出来的数字将会是多么触目惊心。"

（2）在自由市场：小L在自由市场的一个肉摊前采访，得出的结果是：1天大约接待100多个顾客，平均每人用3个塑料袋，1天大约用300多个，一年就是10万个塑料袋。

小L在调查统计后说："这只是一个肉摊，这样的肉摊在这个自由市场里还有很多，这样的自由市场在北京更是有很多很多，这样在北京单单是卖

肉这一项,塑料袋的使用量多得已经无法计算,想想简直可怕,会给地球造成多大污染呀。"

(3) 在超市：小 S 在安定门外美廉美超市收银台前统计,半小时有 32 名顾客结账,共发放了 98 个（约 100 个）。这样,1 小时就是 200 个,1 天大约是 1 万个,一年就是 365 万个。

小 S 说："我们调查小组调查的只是北京一家中型超市,比它大的、比它小的超市不计其数,塑料袋的使用量用不计其数已经不能说明什么问题了,可以说数量巨大。那这些巨量的塑料袋终将被人们抛弃,那将给地球造成的污染也是巨大的。"

(4) 还是在超市：又有一个小组一行 8 人,要通过调查问卷的方式了解人们对塑料袋的看法及环保意识。与此同时,还向顾客宣传了环保理念。

(二) 提出改变不良现状的可行性方案

1. 通过采访收集减少塑料袋使用量的办法

通过在家中、在超市和在自由市场中的调查统计,学生们觉得塑料袋的使用量惊人,会给环境带来严重的危害,于是就急切地要找到减少塑料袋使用量的办法。

有学生特意去问爷爷奶奶："以前没有塑料袋时用什么购物盛放物品？"有的学生的爷爷就把以前用的手工编织的菜篮子拿出来给孩子看；有的把很早以前缝的尼龙大背包给孩子看；还有的拿出一辆折叠小推车。学生都如获至宝地拿到学校,告诉同学和教师。

有的学生还发现有个别的超市和商场不提供免费的塑料袋,塑料袋要收费,所以就使得顾客用以前用过的塑料袋再次购物,也能减少塑料袋使用的数量。

2. 教师给环保局出"金点子"

在社会实践活动后,教师也意识到塑料袋使用量的惊人,于是就给北京市环保局提出建言:通过调查了解到塑料袋影响城市环境,同时通过在超市采访了解到,人们并不拒绝布袋子且70%愿意使用。根据此情况,史家小学建议:让商家把制作会员卡和印制免费塑料袋的钱,来印制成布袋子发放给顾客,凡顾客拎着商家自己发放的布袋子购物结账的,都予以优惠、打折或积分,也就是说布袋子就代替了会员卡,这样大家就会提着布袋子购物。

此建言立刻得到了北京市环保局的认可,并且即刻刊登在了《北京青年报》上。

(三)亲自实践

1. 设计布袋子

当学生从《北京晚报》中得知"当今世界各国都关注环保问题,大力提倡使用布袋子,国际服装知名设计大师开始设计环保时尚的布包,受到时尚女性的青睐"时兴奋异常,立刻就有自己设计布袋子的欲望。于是,课题组老师与美术老师商量,利用美术课,让学生动笔画出他们心目中的环保布袋。

学生设计的布袋子五花八门,有漂亮的布袋子,有结实的布袋子,有多功能布袋子,还有可折叠的……无论画上什么样的图案,都要在上面写上"环保""布袋布袋,绿色首选"的字样,可见环保理念在学生心中已扎根。

2. 缝制新颖独特的布袋子

画布袋子已经满足不了学生的愿望,于是又在劳动课的配合和家长的指导下亲手缝制了布袋子。

学生制作的布袋子五花八门。有的学生用穿小了的旧衣服缝制成可爱的布袋子;有的买来白布在外面加工成布袋子后,画上地球图案,写上环保字样;有的觉得自己缝制好的布袋子太单调,就缝上一个小小的布娃娃来装饰；有的设计的布袋子是子母袋，大的用来装买到的物品，小的装塑料袋，以防大袋子不够用使用塑料袋，这样塑料袋也能得到重复利用；还有的和妈妈一起用彩色的线绣上我们的宣传口号"布袋布袋，绿色首选"……

3. 与家人拎着布袋去购物

现在同学们与家长去购物时，总是拎着布袋子去。特别是有一名女生在超市采访时，看到一个老奶奶提着布袋子，给她留下了深刻的印象，她非常敬佩那个老奶奶。事后没几天她就主动要求姥姥与她去超市购物，并要求姥姥一定带上他们自己缝制的布袋子，因为她心里有一个愿望：也要让别人佩服她的姥姥，佩服他们为环保做出了努力。

（四）扩大宣传，影响他人

1. 把布袋给外校的好朋友，让他也去宣传

学生们制作了许多有创意的环保布袋，电视台记者听说后要来拍摄，可是一名学生那很有创意的布袋子迟迟拿不来，一问原因才知道，那个布袋子送给外校的朋友了。原本生气的教师一听原因却高兴地笑了，因为这名学生是想让朋友拿着那个可爱的布袋子，向他们同学做宣传。

2. 与商家联系，实现布袋代替会员卡享受优惠

为了能更多减少塑料袋的使用数量，课题组老师就积极与商场联系磋商，最终一家规模很大的图书大厦接受了我们的建议，把制作会员卡和印制免费塑料袋的钱，来印制成布袋子免费发放给顾客。同时，商家还接受了学生们的建议：凡顾客拎着商家自己发放的布袋子购物结账的，都予以优惠。以此来倡导顾客使用布袋子，用实际行动减少白色污染。

3. 通过媒体宣传，让更多的人参与进来

经过一年的综合实践活动，教师、学生和家长们的环保意识提高了。为了让更多的人都能提高环保意识，养成绿色的生活方式，课题组老师与电

台、电视台、报刊杂志社联系，通过媒体来宣传我们的活动。同时，我们还积极参加环保创意大赛，通过电视台的传播，让更多的人都能参与到环保行动中来。

八、活动效果

（一）学生的变化

1. 收集信息的能力、整理信息的能力得以提高

在这个系列活动中，多次需要学生查找资料，学生学会了利用网络、书籍等多种渠道查找资料，还学会了通过关键词上网搜集信息。在汇报收集的资料时，通过一次次的限时汇报，学生学会了把大量的资料概括成几条重点内容，从中提高了整理信息的能力。

2. 丰富了学生生活，充实了作文素材

历时一年的环保综合实践活动进行的环保教育，不是通过教师的说教，而是通过学生一次次亲身的社会实践活动，在给学生留下永久的记忆同时，也丰富了学生的作文素材。

当作文教学练习写书信时，学生大多给商场的负责人写信，建议他们商场不提供免费的塑料袋；当要求写一件印象深的事时，学生写自己在超市调查采访时的经历；当续写童话《小木偶的故事》时，许多学生写小木偶来到了我们的班级，对墙报上粘贴着的画非常感兴趣，于是同学们就给小木偶介绍自己设计的环保布袋；还有的写自己做梦梦见福娃，让福娃帮助我们宣传环保。

3. 与陌生人谈话的社交能力

在一次次调查采访中，学生的社会交往能力得到了真正的提高。原本从不敢与陌生人说话的学生，现在可以在超市或自由市场里随意采访任何人；原本在采访时遭到拒绝就哭的学生，现在在连续遭到拒绝时也能笑着说"没

关系，谢谢"；原本采访前要家长帮着设计采访内容并背下来的，现在可以根据需要随机灵活采访。

小男生 Z 不爱说话，一说话那小白脸准变得像张飞，这一组的社会实践活动最让我担心的就是他，所以我最关注的也是他。

脚步很慢的他，找到一个目标，刚要走过去，脚步又停了下来。如此两三次后，他看到同学都已经完成几个采访任务后，脚步非常坚决地走向了一位老奶奶……

已经采访了 7 个人的他又在寻找下一个采访目标，这时一位同学的妈妈对他说："你快去采访那个阿姨。"可是他的回答让我们大家惊讶："那阿姨不漂亮。"

不爱说话的小 Z，不仅顺利地完成了采访任务，还在与不同人的交往中似乎还悟出了与什么样的人打交道更友善，更顺利，这就是他眼中的"漂亮"。

总是发愁小 Z 不爱说话的爸爸，现如今总是一脸兴奋地说："孩子通过那次实践活动变得爱说话了。"

4. 遇到挫折的承受能力，敢于面对挫折

在没有去超市和自由市场采访前，就给这些"小皇帝"和"小公主"打过预防针，在遭到拒绝时应该怎样面对，在练习时怎样难为他们，都能对答如流。可是当真正遭到陌生人的拒绝时，他们还是哭了。不过在遭到失败后，面对教师和家长的鼓励他们又重新接受了挑战，在完成里一个个采访任务后，他们也能从容面对拒绝了。

小甜甜是一个人见人爱的聪慧的小女生，在来超市前我还在考她当别人拒绝时怎么办，自信的她反应极快地做出了满意的答案。

可是刚走进超市还没有多长时间，她已经哭得满脸通红了。教师和妈妈迅速走到跟前问原因，原来是第一个采访对象很配合，顺利完成，可是第二个被采访对象不是很配合,回答问题时很不耐烦,当遭遇小小挫折的甜甜走向第三个采访对象时,却遭到态度生硬的拒绝。平时同学和家人都对她唯命是从,哪里遭到过这种拒绝?她就捂着脸哭起来。

可是,在教师和妈妈的劝导下,她没有放弃,吸取了刚才的经验教训,把挫折变成了动力,顺利地完成了 10 个采访任务。

5. 创新能力

在一系列的综合实践活动中,学生的创新能力无时无刻不在体现着:原本枯燥的白色污染资料,转脸一变,创新成一个生动的具有教育意义的小剧;原本从没参加过表演的学生,在环保小剧中,创新出一个个形象的肢体语言来演绎环保理念;在听说世界顶级设计大师也在设计环保袋时,学生也跃跃欲试,通过画笔演绎着自己的创新理念,更创新出子母布袋、旧衣服而改制的布袋、绣着环保口号的布袋、装饰上旧娃娃的布袋……

6. 社会责任感,更加关注社会

在这次环保综合实践活动的后半阶段,学生就在报纸上、在纸上不断发现与环保有关的信息,并在同学之间传阅。特别是当学生看到"国家决定从 2008 年 6 月 1 日禁止商场发放免费塑料袋"时,举着报纸欢呼,因为他们的愿望终于实现了。

(二)家长的感受

历时一年的环保综合实践活动,从策划到每次活动,家长都是全程参与,所以家长也和我们的学生一样,提高了环保意识,并且改变了生活方式。

有的家长说:"原来在超市买东西食品和百货都分装,就算只有一件物品也要用一个塑料袋,可如今能省一个就省一个。"有的说:"从孩子命令我不准要免费塑料袋,到现在主动提着布袋子去超市了。"还有的说:"我家现在不仅不用塑料袋了,在日常生活中都能想到节约,比如洗手打香皂时都要把水龙头关上。"

另外，家长发现孩子在这一年中收获最大，通过综合实践活动开阔了眼界，学会了调查采访，敢于陌生人打交道，会表演小剧……总之，收获到了许多课本以外的知识。

（三）教师的感受

1. 解决了综合实践课的时间问题

由于我们充分利用周末的休息时间来开展综合实践活动，这样实践活动的时间充分，可以不受时间的限制，做起来更灵活，学生的社会实践机会也就更多一些。

2. 解决了学生走出校门走进社会的安全问题

由于我们的实践活动分成7~8人一个小组，组织起来更灵活更方便，又有学生家长全程参与，所以学生的安全问题就得到了保证，并且在学生遇到困难、遇到挫折时，也能及时地、有针对性地给予解决，使活动顺利进行。

3. 整合各科教师和家长的资源

此活动是一个系列的、综合性的活动，所以会涉及方方面面的知识，课题组充分利用了校内教师的资源，也充分利用了家长这一有力的资源。如，学生在学设计大师设计环保布袋时，就与美术老师配合，利用美术课让学生设计作画；在调查采访后，请家长到学校给学生讲解怎样用计算机统计调查结果，同时由于计算机老师配合，用计算机课让学生上机操作；为了展示活动结果，让学生制作小报，在制作之前请来做编辑的家长，给学生讲怎样排版更合理美观。通过这种方式，合理地利用了时间，充分地利用了有力的资源，让学生学到的知识更专业。

4. 不仅提高自身的环保意识，还影响到自己的家人和同事

教师在整个活动中不仅是策划者和组织者，更是一个受益者。通过一系列活动，教师的环保行为从被动地给学生作示范，到最后是主动传播。现在的教师无论去超市，还是去自由市场，从不要免费的塑料袋，总是从书包中拎出布袋子。不仅自己如此，而且影响到家人和同事也效仿这种绿色生活方式。

虽然国家在 6 月 1 日强制要求各商场不再提供免费的塑料袋，有些人可能觉得不方便，但是我想我的学生和家长肯定非常高兴，因为我们一年来做的环保综合实践活动是适应时代潮流的，而且我们还站在了环保的最前沿。

附录 V

在合作反思中促进小学艺术教师专业成长的行动研究
结题报告[1]

北京市城区史家小学 陈庆红

2010年9月

一、课题研究的背景

我国基础教育课程改革对教师专业化提出了新的、更高的要求。建设一支以专职教师为主,数量和质量都能够满足学校艺术教育需要的艺术教师队伍,是提高艺术教育教学质量的关键。

为了适应新的一轮课程改革,新课程标准要求教师必须更新教育观念,加强教师职业道德修养,培养专业精神;教师要扩展知识,饱学多识,并内化为个人的文化素质;教师要提高教育实践的能力,培养创新意识与科研能力;教师要与中小学课程改革相互促进,共同发展。

专家指出,作为一个专业化教师,"必须集中更多的时间和精力去从事那些有效果的和有创造性的活动:互相影响、讨论、激励、了解、鼓舞"。

---

[1] 北京市东城区教育科学规划办"十一五"课题"在合作反思中促进小学艺术教师专业成长的行动研究"结题报告。

二、现状分析

目前，学校普遍存在艺术学科专职教师在数量和质量上都不能够满足学校艺术教育的需要的现状。即使学校设有艺术学科专职教师，也因为学科相对的独立性和分散性，造成了教师"各自为政""闭门造车"、缺乏必要的联系和交流、视野不宽、专业发展意识淡薄、自主发展能力不强等现象，影响了艺术教育教学质量的提高。

三、研究方法

以合作反思为切入点，以行动研究法、行为观察法、教育叙事法等为本课题研究方法。通过开展研究性反思课活动，把分散的艺术学科教师联系起来，建构起一个合作型的学习组织，在听课、说课、反馈等一系列活动中提高教师课堂教学的实效性；通过学习相关资料，接触先进的教育教学理念，开阔教师思路，提高理论和实践水平；通过撰写教育叙事，把教育教学过程中转瞬即逝的灵感、思考、经验教训记录下来，为今后的工作提供依据，为撰写论文积累素材；通过多元的反思活动促进教师对教育教学行为的认识在隐性和显性之间转换。

四、研究过程

在学习型组织初建阶段，教师们表现出了较高的研究热情，对课题组布置的工作较认真完成，严格按照研究性反思课的流程开展研究。只是缺乏上交作业的时间观念和不知从何下手搞研究，需要反复提醒和指导。

随着课题研究的推进，问题也逐渐暴露出来。在学习型组织巩固阶段，有的教师从网上下载文章充当自己的叙事，有的找借口拖延上交课题作业的时间。为了帮助教师们认识自己存在的问题并有意识地解决问题，课题负责人找来两篇文章《教师专业成长的"亚状态"》《走出教师成长"亚状态"的策略探索》让大家学习。结果一石激起千层浪，教师们的反应极为强烈，"亚状态"的观点恰好说出了他们对课题组一直想说而没好意思说出来的话。课题负责人心里很清楚教师们有参与权、话语权，提出异议不是件坏事，只有开诚布公才会有思维的碰撞，才会引发更深层次的思考，进而促进课题的调整、前进。

在经过一年半的努力之后，在课题正式被立项为区级课题之际，其研究人员却出现了"疲倦态"，课题负责人还是有些不知所措：不知道该坚持"四条线"（见下文）的研究力度，还是妥协给教师们减量。

此时，课题负责人向专家发出了求助信。很快就收到了她的回复："你是一个课题的带头户，不仅要付出多而且要带领别人，有的时候会有挫折感，这很正常，人是有惰性的，这是本性，大家每天都有课，不上不行。而科研这事情，一次不做也不会有即时的惩罚。所以即使大家都知道科研的重要性，但是，认真去花时间做的人并不多。作为一个领导者，对下属和对学生是一样的，宽容和耐心是基础，为别人的利益着想是桥梁，然后才是你做事情的思路和能力。"

一席话解开了烦扰课题负责人多日的心结，她感觉到了自己做事情过于较真儿。严于律己是好的，但对别人还是要宽容。为了表明态度，课题负责人在当月的课题简报上写下了这样一段话：

"读了教师们的真心话，我有些不知所措了。在与学校领导和专家沟通后，我又反复阅读了教师们的心得，进行了深刻的反省。终于认识到自己没有从教师们实际工作的发展变化出发，一味机械地给教师们布置学习材料，节奏太快，密度太大，无形中给教师们造成了一定的负担。因此，才会引起教师们的消极怠工。好在教师们通过心得坦诚地向我表明了心迹，才使我对出现的问题加以重视和调整。在此，特向教师们道歉和致谢！

"希望教师们今后发现我工作中出现失误或有什么好的建议一定要及时给我指出来，我会认真对待并加以纠正的。因为，我们已经结成了一个合作型学习组织，课题组的良性发展还有劳大家共同完善。"

课题负责人的表态平息了这场"疲倦态"风波，教师们又按部就班地开始了研究工作。她的威信并没有因为"低头认错"而降低，相反，却得到了组员的如此评价："参加课题研究我觉得是增加了一些负担，但同时也觉得还是很有帮助的。比如说陈老师非常负责任，经常给大家学习一些非常好的文章，指导我们的实际工作。每个月还给大家发非常棒的总结简报，这都体现了她认真的工作和研究态度，这些都是我们应该学习的。同时，我觉得还应该学习她实事求是和谦虚的治学精神，发现问题后能及时地和大家沟通，而不是一味地让大家完成既定的工作，工作方法灵活多变，我觉得非常好。"

目前课题正处于学习型组织的总结阶段，研究还在继续。

五、课题研究效果

在全体课题成员的积极参与和努力下，在课题研究"四条线"的思路指引下，课题组较好地达成了课题研究目标。

第一条线

利用科任教师任课班级多的特点，坚持开展研究性反思课活动共计55次110节课，锻炼了教师听课、说课、评课的能力，加强了教师之间互相学习和交流的机会，提高了教师课堂教学的实效性，并为每名成员整理出一份成长资料。另外，课题组录像课获全国二等奖2个，全国三等奖1个，北京市一等奖1个。各类区课、接待课、展示课、开放课、下乡送课近百节。2006年10月课题组赴浙江绍兴与当地经济开发区秀水小学进行教学交流活动，互相献课两节。

课题组成员认为"通过做研究性反思课，对于教学中出现的各种问题解决起来不仅针对性更强,而且实效性更强。并且能够做到深挖一节课的精髓,体会不同教法所反映的效果,同时进行多次反思,就一个问题进行具体分析,反复琢磨,对症下药,还能够借此举一反三。"

第二条线

利用网络传输功能,坚持定期下发学习材料共计50篇,教师们回复学习心得约12万字。通过学习相关资料,接触先进的教育教学理念,开阔了教师们的思路,引发深入思考和探讨,提高了理论和实践水平。

如在学习《把自己的那壶水烧开——谈青年教师的成长策略》一文后的心得中教师们谈道:"对于每位青年教师来说,认真去做,就是在为自己累积烧好那壶水的柴。首先,要认识到烧水没有捷径,必须经历读书、实践、反思、总结的过程。读书,可以增加自己的文化积淀,有文化才有底蕴,有底蕴才有底气,有底气在课堂上才有灵气。实践,是把读书所获得的教育理论、教学理念运用到自己日常的教育教学工作中去,是磨砺自己的唯一途径。反思,是在自己的教学实践之后所进行的思考。总结,就是不断地将自己的所思、所感记录下来,与自己共勉,与大家共勉。""我相信社会从不会埋没人才,从不会埋没努力进取的人,但是,当我们真正走上工作岗位时,我们开始困惑,开始迷茫了,很多事情和我们想象的根本不一样,于是有的人开始失去了自信,开始找不到自己的目标。这篇文章中给我们提供了很多解决这种问题的好办法。"

第三条线

课题组成员每月每人撰写一篇教育叙事共计211篇约27万字,课题负责人为每位教师提供修改建议并回复感言。研究初期,教师们有的懒于动笔,有的敷衍应付,有的缺乏撰写意识,有的无从下笔等。通过研究的深入,教师们渐渐地认同、接纳了这种成长方式。有的教师在课题感言中写道:"最初,课题组每月的叙事,我只把它当作作业来完成,但没有认识到它的意义所在，渐渐地我发现，在记录这些事情的时候，它给我带来不仅是失败后的反思，有时候也是重温的喜悦。有人说瞬间的事是最美好的，而叙事就是把我们瞬间发生的记录下来，帮助留住喜悦、反思不足、见证我们的成长。"

通过坚持撰写教育叙事，教师们把教育教学过程中转瞬即逝的灵感、思考、经验教训记录下来，为今后的工作提供依据，为撰写论文积累素材。

在课题研究期间，课题组论文获奖人数占课题组成员人数的71%，比课题组成立初期的24%增长了47%。在此期间，课题组成员的2篇论文收入"北京市基础教育课程教材改革实验文丛"《课程教材改革实验论文集》一书，1篇论文收入"北京市基础教育课程改革监控与评价丛书"《课程改革监控与评价的专题推进》一书，还有6篇文章分别发表在《北京教育教学教育研究》《北京教研》《北京教育》等期刊杂志上。

第四条线

课题负责人每月制作并下发课题简报，共计21期。以便小结、分享各课题小组的研究进展。

六、分析和讨论

虽然，已经经历了两年的研究时间，但是，仍然存在着一些问题需要进一步解决。比如前期培训力度不够，教师们在研究过程中还存在被动和盲目的现象；"科研无用论"的思想依然在个别教师头脑中尚存，等等；以及听课后如何处理写反馈意见和座谈的关系，反馈意见该从何种角度提出，提出反馈意见用何种方式，等等。

不过，通过引领一线的教师们亲历课题研究的全过程，逐渐去除了多数成员对科研的神秘感和畏难情绪，树立了研究意识，学习到研究方法，走进了科研，通过相互的交流、分享等活动，增进了教师之间的情感。我们认为，教改和课题研究除了要用先进理念来支撑，还需要用情感来推动。正像课题组老师评价课题负责人时所说的那样:"原以为搞科研的人都是极理性的人,只懂得数字,但是从你的所作所为中我强烈地感受到在看似理性的外表下却涌动着真诚的情感,那么自然地流露出来,让我看到了另外一个你。你的真诚感染了我,你用这份真情将自己和教师们维系在一起,温暖地包容在你的关怀和照耀之中。"

  实践证明,我们以课题研究活动为纽带,实现了把相对分散的艺术学科教师联系起来,建立一个教师间合作型学习组织的目的。不断地学习、实践,增强了教师专业发展的意识,提高了教师自主发展的能力,逐渐将反思变成了教师的一种工作习惯。

后记

没有好教师，就没有好学校。对任何一所学校来说，一支优秀的教师队伍都是学校发展壮大的关键。史家小学现有10名北京市骨干教师，40名东城区骨干教师，教师队伍整体素质很高。史家小学建设这支高水平的教师队伍的过程，也是学校科研飞速发展的过程。正是在学校科研发展的过程中，教师实现了专业成长，他们收获了多元化的知识结构、个性化的实践智慧、扎实的研究能力和优秀的写作水平。而教师的专业成长为学校的前进发展提供了源源不断的动力。

没有领导的超前眼光，就没有学校科研的发展。在史家小学的科研路上，学校采取了聘请专家、与高校合作、为教师提供各种学习机会等各种方式推动科研发展。但史家小学之所以能够走在时代前列，最关键的因素还是学校领导超前的眼光。无论是卓立校长提出的"和谐教育""科研兴校"，还是王欢校长提出的"领导带头，全员科研"，都是敢为人先、"智"为人先的思想和策略。从卓立校长开始，就认识到科研是未来史家小学发展的必经之路。史家小学对科研的重视，从卓立校长开始一直延续到现在，领导们身先士卒，教师们齐心协力，在科研之路共谱辉煌。

回顾史家小学科研成功的经验，有一点是非常值得借鉴的，那就是骨干教师先成长起来，以点带面推动整个教师队伍成长。史家小学现有 6 支实力较为强劲的科研团队，每一个团队都有一个骨干教师作为团队的核心人物存在，带动着整个团队的发展。2010 年学校参加"北京市中小学骨干教师发展研修项目"时，学校领导就有意识地选择了学校每个学科团队的骨干教师参与其中，系统学习行动研究的科学方法，以期让这些教师带动各学科团队的科研成长。实践证明这种方式是可行的，在这些骨干教师的带领下，学校全体学科团队的科研均发展起来，并在"十二五"成功申请了 13 个立项课题。在骨干教师的带领下，各个学科科研团队各领风骚，史家小学的科研全面开花。

面对未来，史家小学将继续用科研发展实现教师队伍建设，用教师成长带动学校发展，在科研探索的路上，挖掘教师们无穷的智慧。

作 者

2012 年 8 月

跋

不断拓展史家教育的精神空间

《和谐教育丛书》是史家小学在全面梳理、系统总结 20 年和谐教育理论与实践基础上着力打造的一个教育文库。史家教育文库,致力于不断丰富学校发展的准确素材和科学依据,持续积累教育改革的实践成果和现实经验,从而为我国教育事业的繁荣和发展提供精神滋养。

《国家中长期教育改革和发展规划纲要(2010—2020 年)》指出:"把促进学生健康成长作为学校一切工作的出发点和落脚点。关心每个学生,促进每个学生主动地、生动活泼地发展,尊重教育规律和学生身心发展规律,为每个学生提供适合的教育。"史家人认为,基础教育要致力于每个孩子禀赋的发挥、个性的舒展和生命的绽放,就是要秉承中华五千年文化,携手世界五大洲文明,优化并协调各种教育因素,使学校真正成为孩子成长的乐园。孩子健康快乐成长,永远是史家教育的出发点和归宿。面对孩子不断发展、持续更新的教育需求,史家人总是能够将其创造性地转化为和谐育人体系新的增长点。史家教育强调用和谐的方法培养"全面和谐发展"的人,并把和谐育人具化为"人与人的和谐""人与知识的和谐""人与自身的和谐""人与社会的和谐""人与自然的和谐"五个方面。当前,学校有效强化基础教育的基础性,把致力于孩子"全面和谐发展"进一步具化为"健康快乐成长"

与"身心智趣发展"。并且，在五个和谐关系的基础上逐步生成了史家"种子计划"，即以培养"和谐的人"为目标，凸显五大和谐支柱、强化五大基本意识、提升五大核心能力、搭设五大特色课程、推进五大金牌项目、打造五大资源基地，成就一个"和谐的人"。史家和谐育人体系犹如一粒鲜活饱满的种子，深深植根于每个孩子的幼小心灵中，伴其一生，惠其一生。

史家和谐，是一个不断发展、持续深化、全面开放的精神体系。新时期的基础教育向史家教育提出了新目标、新任务、新要求，注入了新思想、新方法、新活力。进一步拓展史家教育的精神空间，进一步发挥史家和谐的先导、示范和激励作用，已经成为全体史家人的追求与梦想。

史家的明天，将更加美好！

王　欢

史家小学校长

2012 年 8 月